CHRISTOPH WILHELM AIGNER

Salzburg

für Toni, den
besseren Salzburg-
Kenner
herzlich Christoph
20102012 Salzburg

| Hoffmann und Campe |

1. Auflage 2012

www.hoca.de
Satz: Pinkuin Satz und Datentechnik, Berlin
Gesetzt aus der Sabon
Druck und Bindung: GGP Media GmbH, Pößneck
Printed in Germany
ISBN 978-3-455-50234-3

HOFFMANN
UND CAMPE

Ein Unternehmen der
GANSKE VERLAGSGRUPPE

INHALT

PROLOG

An einem Sommermorgen in Salzburgs Altstadt spazieren. Die Mauern strahlen die gespeicherte Wärme ab. Der Wasserwagen hatte schon die Gassen besprüht, der Staub ist gebunden; Geruch nach gedämpfter Frische, als wären die Steinplatten warm geliefert worden. Auf den Plätzen bilden sich erste Sonnenteiche. Und in den gefalteten Kupferdächern, Grabendächer genannt, beginnt sich Licht zu sammeln und über die Fassaden abzurinnen. So still ist es noch, dass das Knistern und Sirren des in der Morgenwärme gähnenden, sich dehnenden Kupfers wahrzunehmen ist.

Dies ist vielleicht eine Passage über Salzburg, der man glauben könnte; sie ist nicht durch irgendein Interesse, Kalkül oder zunutze einer bestimmten Sichtweise geprägt. Nutzen? Nun ja, die Bildbände über die Stadt mit geschönten Glanzaufnahmen oder die Bücher von Privilegierten, die von der Aussicht des Hotels Sacher launig die Klischees über die Stadt repetieren und wie mit Zuckerguss überzogene, verlängerte Zeigefinger des Fremdenverkehrsverbandes anmuten, das heißt: hinweisen auf das Glänzen durch die sogenannte Hochkultur und ihrer Adabeis; dieses Glänzen spiegelt zu bestimmten Zeiten alles andere Stadtgeschehen weg, als wäre die Salzburger Bevölkerung gar nicht vorhanden.

Fremder als ein Salzburger in Salzburg im Sommer kann ein Tourist nicht sein.

Der Unterschied zwischen einem Salzburger und dem Salzburgtouristen besteht darin, dass der Salzburger von der Stadt mehr weiß, als er sieht, und der Gast mehr sieht, als er weiß.

EINMALIG

Dieser unvergleichliche Ort der Welt, selbst die, die vorher nicht da waren, senken die Stimme, wenn sie ihn betreten. Sophokles hätte Salzburg statt Kolonos meinen können. Denn so musste auch der Autor Peter Handke, der die Stille und die Schönheiten liebt, wie kolportiert wird, empfunden haben, als er bei einem nächtlichen Spaziergang zwei grölende Schweizer Touristen in der Linzergasse zur Besinnung bringen wollte mit den Worten: »Benehmen Sie sich, Sie sind nur Gast in dieser Stadt.« Worauf ihm diese Unbeeindruckten ein paar Schläge verpassten.

So stand es im Polizeibericht. Handke hatte in den acht Jahren, die er in Salzburg verbrachte, auch noch andere Zusammenstöße mit der heimischen Exekutive, abgesehen von seiner Teilnahme an Tarockrunden, bei denen neben anderen hochgestellten Persönlichkeiten der Stadt auch stets der Polizeipräsident präsent war.

Einmal wurde er auch in die Polizeiwachstube am Rathaus abgeführt, da er sich nicht ausweisen wollte, neben der offenen Tür des mitten auf dem Universitätsplatz sehr falsch abgestellten Autos seiner damaligen Freundin stehend, die für beide Würstl holen gegangen war. Es sprach sich wohl herum in der Rathauswachstube, wen sie da gefangen hatten, denn der Autor kam trotz seiner Beleidigungen der Beamten wie etwa »Nasenlöcher« glimpflich davon; obwohl die Salzburger Polizei in den achtziger Jahren berühmt, um nicht zu sagen berüchtigt war für ihre etwas härtere Gangart.

Handke rächte sich trotzdem auf subtile Weise am sogenannten Polizeiapparat. Bei einem seiner Spaziergänge kam er an der neu errichteten Bundespolizeidirektion in der Alpenstraße vorbei und bemerkte die Gedenktafel, die allen im Dienst ums Leben gekommenen Polizeibeamten gewidmet sein sollte: *Den Opfern der Exekutive*.

Nachdem Handke diese semantische Meisterleistung der Tageszeitung *Salzburger Nachrichten* per Postkarte gemeldet hatte, wurde die Schrift geändert, und Frieden kehrte ein zwischen Dichter und Ordnungshütern, zumindest wurden keine Zwischenfälle mehr bekannt bis 1987, als er nach acht Jahren am Mönchsberg im Schloss von Hans und Gerheid Widrich wohnend, Salzburg den Rücken kehrte.

Zwei Jahre später verließ der einflussreichste Salzburger knapp vor seinem 81. Geburtstag für immer die Oberfläche seiner Heimatstadt: Der Dirigent Heribert Karajan, so sein amtlicher Passname in der österreichischen zweiten Republik, in der seit 1919 das Tragen von Adelstiteln verboten ist, war in seiner Villa in Anif verstorben. Er ist 1908 in Salzburg geboren worden und erhielt den Namen Heribert Ritter von Karajan. Dieses adelsverweisende »von« war ihm so wichtig, dass er drohte, in Österreich nicht mehr aufzutreten, wenn er nicht als Herbert von Karajan dirigieren dürfe. Die österreichische Regierung unter Kreisky fand eine Lösung, indem sie Heribert Karajan den Namen Herbert von Karajan als Künstlernamen tragen ließ, womit auch den Ankündigungen auf Plakaten dem Namen mit »von« nichts mehr im Weg stand; und natürlich auch nichts mehr einer ungeheuren Karriere und Macht, die in Salzburg der eines Landesfürsten glich, denn so lassen sich die Landeshauptleute (in Deutschland Ministerpräsidenten) noch heute gerne bezeichnen.

Ein einziges Mal nur beugte man sich nicht sofort seinem Willen, als er nämlich verlangte, die Bus- und Taxispuren von seiner Anifer Villa in die Salzburger Altstadt offiziell benützen zu können, denn einer solchen Ausnahmeregelung standen zum Leidwesen der Stadtpolitiker unverständliche Straßenverkehrsordnungen entgegen. Köpfeschütteln. Warum will er denn dies offiziell haben, wenn er oder sein Chauffeur es ohnehin immer so gehalten haben, und nie ist nix passiert, keine Strafen nirgends, er kann doch eh machen, was er will, das weiß er doch. Peinlich; denn der geringste Widerstand bei Ansinnen des weltberühmten Mannes hieß, das wusste man, tausend Jahre Groll gegen die Dörfler hier. Auch wenn oft tausend deklarierte Jahre sich gar nicht als so stabil herausstellten, und tausend Jahre lebt nicht einmal ein von Karajan; trotzdem, warum bringt er die Stadtpolitiker so in die Bredouille (Brädulljäh, wie der gemeine Einheimische zu sagen pflegt, und dieser Gemeine soll nun ausgerechnet im Taxi und im Bus auf der Straße rechts Vorrang haben vor dem, der schleunigst ins Festspielhaus muss, wo die weltberühmten diversen Philharmoniker auf den Einsatz warten)?

Die Säkularisation und sehr viel später die Demokratie haben Salzburg nur Nachteile gebracht. Man ist das hier nicht so gewöhnt. Man macht das hinter den Kulissen aus und basta, soll sich bloß nicht zu sehr herumsprechen. Karajan hat Salzburg die Osterfestspiele beschert, er hat angeblich das Sony-Werk hergebracht, und nun ist man gezwungen, es sich wegen einer solchen Marginalie mit ihm zu verscherzen. Ganz, ganz böse Zungen behaupten, dass er diese, dem österreichischen Gesetz geschuldete Absage Salzburg nie verziehen habe, denn nach seinem Tod in Anif bei Salzburg erschien in der *Neuen Zürcher Zeitung* die Todesanzeige mit dem Zusatz: verstorben im Ausland; was wohl eher der steuerlichen Zugehörigkeit zuzuschreiben war. Die Stadt Salzburg bemühte sich natürlich noch posthum, den Schaden gutzumachen, und widmete Karajan einen der prominentesten Plätze: den Siegmundsplatz mit der Pferdeschwemme neben dem Neutor.

MÖNCHSBERG

Das Neutor, dieser 135 Meter lange Tunnel durch den Mönchsberg, der offizielle Name St.-Siegmund-Tor hat sich nie durchgesetzt, so wie bis heute die Bevölkerung sich mehrheitlich noch weigert, den Siegmundsplatz Herbert-von-Karajan-Platz zu nennen, ist ein raffiniertes Bauwerk.

Fürsterzbischof Siegmund III. Christoph Graf von Schrattenbach gab 1764 den Auftrag zum Tunnelbau, um die Altstadt zum Zweck der Stadterweiterung mit dem trockengelegten Moorgebiet der Riedenburg zu verbinden. Wie so vieles in der Geschichte könnte der Anlass für die historische Tat auch in privatem Interesse gelegen haben, denn Siegmund ließ sich gerade ein Landhaus in der Riedenburg bauen, und auf die Frage, welche Fortschritte der Bau mache, wurde ihm geantwortet, dass es freilich schneller ginge mit einem Loch durch den Felsen.

Die Idee, den Mönchsberg nach Westen zu öffnen, war nicht ganz neu. Etwa hundert Jahre zuvor hatte Erzbischof Kardinal Max Gandolf von Kuenburg den Auftrag zu einer Verbindung gegeben, und zwar durch Zersägung des Mönchsbergs. Einfach auseinanderschneiden. Das Ganze war aber wohl etwas dilettantisch geplant, sodass man nicht sehr weit gekommen ist. Der Erzbischof wollte es ganz billig haben, ja sogar noch Gewinn herausschlagen durch die

Steinquader, die man dem Mönchsberg entnehmen würde. Dazu wurden keine Fachkräfte angestellt, sondern sollten Arbeitskräfte billigst rekrutiert werden, etwa soldlose Soldaten oder umherziehende Bettler für einen Laib Brot und drei Kreuzer täglich, und wer von den Bettlern nicht arbeiten wollte, wurde ausgewiesen. Sind wohl viele auch freiwillig abgehauen, denn von der Stadtseite ist über dem Neutor noch zu sehen, wie wenig weit man gelangt war mit dem Projekt der Bergzerteilung.

1766 war der Tunnel schließlich begeh- und befahrbar. Es dauerte dann noch bis 1774, also drei Jahre nach Siegmunds Tod, bis er in seiner heutigen Form eingerichtet war: zwölf Meter hoch und neun Meter breit, mit einem Gefälle von zehn Metern von der Altstadt zum Stadtteil Riedenburg hinauf, was nicht dem unterschiedlichen Geländeniveau geschuldet, sondern einer meisterlich-architektonischen Überlegung zu danken ist: Der Lichteinfall wurde auf diese Weise so gelenkt, dass die Brechung des Lichts auch das Gewölbe erhellt.

Der Siegmundsplatz und die Pferdeschwemme hießen zuvor Heuwaagplatz und Hofstallschwemme, links vom Neutor stadteinwärts und rechts die Gebäude in der Hofstallgasse an der Mönchsbergwand bis zum Garten des Franziskanerklosters waren allesamt Stallungen. Heute sind's die Festspielhäuser, die Felsenreitschule ist als Name noch übriggeblieben, und die Bezeichnung »gut bestallt« als Synonym für wohlhabend leitet sich daraus her. Viel Pferd, viel Ehr.

Die Autos, die zu den Sommerfestspielen und Osterfestspielen da vorgefahren werden, haben sehr viele Pferdestärken.

Also die Pferdeschwemme, entworfen von Johann Bernhard Fischer von Erlach, und 1695 als großes, barock geschwungenes Bassin fertiggestellt. Der steinerne Rossbändiger in der Mitte stammt vom Bildhauer Michael Bernhard Mandl, und die Fresken im Hintergrund hat der Hofmaler Franz Anton Ebner bis 1732 angefertigt, indem er die in den Hofstallungen untergebrachten Pferderassen darstellte.

Der Besitzer all dessen damals, Johann Ernst Graf von Thun und Hohenstein, der 1687 Fürsterzbischof wurde und die Macht 22 Jahre behielt, ist heute nicht mehr als Protestantenvertreiber und Auftraggeber des letzten Hexenprozesses, sondern hauptsächlich als Auftraggeber des Architekten Johann Bernhard Fischer von Erlach bekannt. Für Erlach war die Pferdeschwemme ein Nebenprodukt, ein Jahr zuvor begann schon der Bau der Kollegien- oder Universitätskirche nach seinen Plänen, ein barockes Prachtwerk zwischen Universitätsplatz und Felsenreitschule, das 1707 fertiggestellt wurde, als Fischer von Erlach bereits erblindet war.

Der Siegmundsplatz mit der Pferdeschwemme ist Vergangenheit, es gibt die Stallungen nicht mehr, kein Pferd säuft mehr aus dem Becken, der Platz ist nach Herbert von Karajan benannt, der bekanntlich auch sehr an neuer Technik und an Autos interessiert war. Vielleicht wäre es nur folgerichtig, nun auch die Fresken abzunehmen und sie durch Darstellungen von Autos zu ersetzen, mit den Ferraris und Porsches aus ehemalig karajanschem Besitz, statt dem Rossebändiger vielleicht eine Wagenskulptur von Franz West, umgeben von Audis, denn dieses Werk ist immerhin einer der Hauptsponsoren der Festspiele und stellt Jahr für Jahr für die wohlbestallten Festspielgäste seine sogenannte »Fahrzeugflotte« zur Verfügung: zur Vorfahrt an die Festspielhäuser, wo dann eine Oper gegeben wird, in der alle Sängerinnen in der Unterwäsche einer Firma auftreten, die auch zu den Hauptsponsoren gehört, wobei nur die ganz bekleideten Wiener Philharmoniker aus der Rolle fallen.

Für die Hofstallgasse bietet sich irgendwann, da nun keine Stallungen mehr vorhanden sind, auch eine Umbenennung an. Es gibt einen bedeutenden Dirigenten, der zwar als Lehrender an der Hochschule Mozarteum viel geleistet hat, weltweit hoch geehrt und mit Preisen bedacht (außer in Salzburg) ist, aber als Konzert- und Operndirigent erst ab 1990 regelmäßig bei den Festspielen auftreten konnte: Johannes Nikolaus Graf de la Fontaine und d'Harnoncourt-Unverzagt. Seine Vorfahren reichen bis zu Kaiser Franz I., Kaiser Leopold II. und noch weiter zu Maria Theresia zurück. Da er aber zeitlebens bloß als Nikolaus Harnoncourt aufgetreten ist (»Ich habe ja keine Verdienste um meine Vorfahren«) und auch den Nationalsozialisten nicht nahegestanden hatte, konnte er sich in Salzburg wohl nicht ganz so federleicht durchsetzen. Mit Karajan verbindet ihn jedenfalls eines: Nikolaus Harnoncourt war 1952 mit 23 Jahren Cellist bei den Wiener Symphonikern, deren Leiter Herbert von Karajan war.

Der Tunnel ist nicht das einzige Loch im Hügel. Links und rechts vom Siegmundstor ist das Konglomeratgestein gänzlich ausgehöhlt, da befinden sich die Mönchsberggaragen, dreistöckig, zwei Einfahrten von der Riedenburg-Seite, Ausgänge zum Gehsteig am und im Tunnel, einmal direkt ins Festspielhaus, eine Passage führt zum Toscaninihof, die andere über das Bürgerspital neben der Pferdeschwemme fast auf Höhe der Getreidegasse, eine weitere zum Mönchsbergaufzug, mit dem man das Museum der Moderne erreicht. Und nun wird der Berg noch mal um ein Riesenstück ausgehöhlt Richtung Festungsberg, um ein paar hundert Autos mehr Platz zu geben.

Der Berg ist bereits derart ausgeräumt, dass man sich nicht wundern müsste, wenn er zusammenbräche. Jedenfalls »weint« der Berg, wahrscheinlich vor Schmerzen, und seine Tränen nässen Passagen und Tunnel, besonders nach Regentagen, das Wasser läuft seine inneren Wangen herab oder tropft einfach mitten auf den Gehweg, so sehr man sich auch um Abdichtungen bemüht. Es gibt in ihm noch andere Höhlen und Stollen, auch ein großes Trinkwasserreservoir in seinem Rücken. Teile des Berges über der Gstättengasse waren bereits im siebzehnten Jahrhundert zusammengebrochen, 230 Menschen starben 1669 unter dem Geröll, zu viele Keller und Gewölbe waren da bereits ins Gestein getrieben worden.

Der erste Stollen aber wurde vor Mitte des zwölften Jahrhunderts durch den Mönchsberg getrieben, ohne Maschinen freilich, von sogenannten »Hörigen«, also Leibeigenen des

Stifts St. Peter und des Domkapitels; man gab ihnen Werkzeug, darunter sogar einiges aus Stahl, und befahl zu buddeln. Pioniere der besonderen Art, die den Almkanalstollen, auch Stiftsarmstollen genannt, ohne Wissen um Statik und Tunnelbau durch das Sedimentgestein des Mönchsbergs entlang dem harten Felsen des Festungsbergs trieben.

Nur jener Teil des Mönchsberggefüges, auf dem die Festung errichtet wurde, ist harter Felsen; der Mönchsberg besteht aus Mergel und anderem Abrieb aus den Alpen, herangeschoben von den Gletschern der Eiszeit, dann über Millionen Jahre durch den Druck des Eigengewichts sich verfestigend.

Von 1137 bis 1143 dauerte es, bis der vierhundert Meter lange Durchbruch, der erste seiner Art in Mitteleuropa, fertig war. Aufgehalten wurden die Arbeiter immer wieder von Einstürzen. Ob man die Toten bergen durfte oder konnte, ist nicht überliefert, jedenfalls grub man gezwungenermaßen tollkühn um die eingestürzten Stellen herum und weiter, wie der verwinkelte Verlauf des Stollens zeigt. Davon kann man sich heute noch jedes Jahr im September, wenn das Almwasser für drei Wochen abgelassen wird, bei Führungen überzeugen, vorausgesetzt man leidet nicht unter Klaustrophobie.

Dieser Stollen durch den Mönchsberg war auch im übertragenen Sinn der Durchbruch für den ökonomischen Aufstieg der durch Salzgewinnung bereits wohlhabenden Stadt; das heißt, nicht die Stadtbürger wurden reich, sondern die Feudalherren, in diesem Fall von Konrad I. von Abensberg abwärts, Fürsterzbischof von 1106 bis 1147, der sich den Reichtum durch Zugeständnisse an das Stift St. Peter sowie an die Domherren erkaufen musste: Er schenkte ihnen einige der besten Plätze in der und um die Stadt; die Bürger mussten sich mit dem Rand begnügen, durften ihre Häuser an den unsicheren Ufern der Salzach errichten.

Das Stiftsarmgerinne ist nur der spektakulärste Teil eines von der Königsseeache zur Stadt geleiteten Kanalsystems; über achtzehn Kilometer, teils offen, teils unter der Erde, erstreckt sich der Almkanal, ein langer Arm, der schließlich durch den Berg greift und mit seinen fünf Trink- und Nutzwasser leitenden Wasserfingern die Voraussetzungen für das Aufblühen der kleinen, feudalen Stadt bot: erst für die Bewässerung der landwirtschaftlich genutzten Flächen des Frauengartens des Klosters St. Peter, dann zur Nutzung von Mühlen, zur Straßenreinigung (zu gewissen Zeiten flutete man einfach die Getreidegasse samt Nebengässchen und schwemmte den Dreck in die Salzach) und als Löschwasserreservoir. Noch immer ist die Mühle zwischen Kapitelplatz und dem Friedhof St. Peter für die Stiftsbäckerei in Betrieb; und noch heute werden Kleinkraftwerke daraus gespeist, etwa für Klimaanlagen der Festspielhäuser.

Salzburg ist schön, Salzburg ist ein Juwel, Salzburg ist unvergleichlich, so wird dieser weltliche Rosenkranz gesprochen, eine Aneinanderreihung stets gleicher Floskeln, die bis heute im Kreis repetiert und nachgebetet werden. Mit Salzburg meint man dabei nicht die Stadt mit 150000 Einwohnern, sondern den wenig bewohnten mittelalterlichen Einschluss zwischen den Stadtbergen, und da vielleicht auch nur den Teil links der Salzach mit dem Dom in der Mitte, die sogenannte Altstadt.

Und schön? Ja, schon schön. Aber was bedeutet dieser Begriff, der noch jedem Zähmungsversuch, also jeder Definition, entkommen ist? Was braucht es zum Schönsein, reicht die Fassade? Hat diese Altstadt noch etwas mit den Salzburgern zu tun oder ist sie bereits auf dem Weg zum Freilichtmuseum, also etwas, das in sich nicht lebt, sondern präsentiert wird? Sollte sich »schön« nicht auch beweisen, oder reicht es, wenn es in den Museumszusammenhang eingereiht wird? Was uns bei dem Wort »schön« einfällt, ist wahrscheinlich etwas, das sich seit langem bewährt hat und uns nicht langweilt, indem es immer noch zu unserem Leben gehört; als schön können daher etwa ein Sonnenuntergang, ein Sonnenaufgang empfunden werden, obwohl es das Phänomen seit Jahrmilliarden gibt, lange vor der menschlichen

Bewusstmachung durch Sprache, woraus der Glaube geschöpft wird, dass die Sonne auch morgen wieder erscheinen wird. Dieses Abstraktum »schön« ist gekoppelt an die Vorstellung von »Dauer« und vielleicht auch »Glaubwürdigkeit«.

Vom Süden über den Mönchsberg in die Altstadt gehen, von dort, wo das Stiftsarmgerinne durch die an die Mönchsbergflanke angelehnte ansteigende Wiese schnurrt und bei einer Gebüsch- und Baumgruppe in den Fels schlüpft. Obwohl nur ein paar hundert Meter vom Altstadtzentrum entfernt, ist es ruhig wie auf dem Land. Es sind ein paar Minuten hinauf, und oben das Steilstück heißt Bürgermeisterloch. Das ist kein Schimpfwort. Es ist der Tunnel unter der Rückenhaut des Bergs mit an einer Seite schmalen und niedrigen Stüfchen, die zu geriatrischen Trippelschrittchen zwingen. Der Salzburger macht hier seine Alterserfahrung, zumindest wird ihm das Bürgermeisterloch zum Indikator für die Vergänglichkeit menschlich motorischer Elastizität. Jung benutzt man selbst im Winter bei Eis und Schnee nicht die Stufen und selbstverständlich auch nicht im Herbst bei glitschigem Blätterbefall. Wer auch bei trockenem Weg diese Stufen braucht, weiß, dass es nun umfassender Kürzertreten heißt.

Die Steinquader des Bürgermeisterlochs sind belebt, zuweilen voll von jungen Smaragdeidechsen, die Kopf voran im Gestein stecken: Die jungen Farne sehen so aus. Und die Glockenblumen an den Wänden läuten, wenn man zur richtigen Zeit durchgeht. Die Töne kommen aus der Stadt herauf über die Kuppe, die Domglocken, die der Franziskanerkirche, die der Peterskirche, aber gemildert durch den wundersamen geschwungenen Weg und die Gärten, sodass die Violetten sanfter klingen. Auf der Kuppe gibt's drei Möglichkeiten weiterzugehn: entweder rechts zur Festung oder links den Mönchsbergrücken entlang Richtung Mülln oder den Weg hinunter, der ab dem Deckerhöfel beginnt, und den Trakl gemeint hat mit den Zeilen: *Wo im Schatten herbstlicher Ulmen der verfallene Pfad hinabsinkt.* Pfad ist er heute nicht mehr, ebenso wenig gibt es noch viele Ulmen, die zu Trakls Zeiten in der Mehrzahl am Mönchsberg waren.

Der Weg ist wahrscheinlich der »schönste« im ganzen Altstadtgebiet, in zwei Bögen hinab, und auf einmal sieht man Kirchtürme aus den Wiesen und Büschen und Baumkronen wachsen. Und an den Mauern und Felswänden sind nicht nur Farne, Moose, Glockenblumen jedes Jahr wieder drauf und dran, obwohl sie von der Straßenmeisterei jährlich mit Gift besprüht werden, so wie die Mönchsbergwände jedes Jahr »geputzt«; stets springen die Pflanzen erneut an die Felsen, blau, gelb, rot, weiß, rosa, Glockenblumen, Fingerkraut, Mauerpfeffer, Steinbrech, Fetthenne; die lindwurmgrünen Farne, ockrige Gräser, sogar Bäumchen versuchen's, Birken, Kastanien, Eschen.

Die beiden alten, gesunden, wunderbaren Kastanien auf dem sich zur nach dem Maler Herbert Breiter benannten Terrasse weitenden Weg über dem Klostergarten zu St. Peter hat die Stadt vor kurzem umhauen lassen, ihre Wurzeln würden das Mäuerchen beschädigen.

Und dann die steinerne Holzmeisterstiege zum Toscaninihof mit der Schlange im Geländer, der Unwissende die lange gespaltene Zunge abzuschlagen pflegten, so oft sie erneuert wurde, bis man die Erneuerung vor Jahren gelassen hat. Aber wenn einer an einem 24. Juni der Schlange die Hand auf die Zunge gelegt und sich redlich etwas Unvernünftiges gewünscht hat, so ist das in Erfüllung gegangen.

Unten im Toscaninihof: Einmal im Leben sollte man sich wenigstens verbeugen vor dieser Breitseite des Festspielhauses und ihrem Schöpfer: Complimenti Signor Clemens Holzmeister, grazie. Als wäre das Ganze samt Stufen und Bögen wirklich aus dem Berggestein in die Felsenreitschule geschmolzen, arhythmisch und nicht zum Sattsehen. Keine dramatischere und dazu auch noch begehbare Fassade in dieser Stadt. Hinsetzen im Hof unter die Markise des Lokals Resch und Lieblich, gleich neben dem Eingang zur Mönchsberggarage, Einkehr halten auf österreichisch oder für Kenner: Hoagascht (Heim-Gast, wo Nachbarn zusammenkommen, bewirtet werden mit einer Jause vor dem Haus und miteinander reden). Und was redet man? Über die Ungerechtigkeiten, dass die Politiker jedes Maß verloren haben und ohnehin selbst nicht mehr entscheiden können und daher nur die Bürger schikanieren, dass Willkür herrscht und dass es Ausnahmegenehmigungen gibt, die für die Mehrheit nicht gelten, wer es sich mit wem und durch wen richtet, und wie peinlich offensichtlich das alles ist, das Übliche eben über Korruption und alle, die es sich richten können auf Kosten der Kleinen, wie eben sich die Hilflosigkeit der nur noch zu

Wählern degradierten Bürger an jedem Stammtisch sich in Schwarz-Weiß-Analogien ein wenig Luft verschafft.

Dennoch, hier der Toscaninihof: links dieses weltliche architektonische Meisterstück samt Riesentor zu den Werkstätten der Festspielhäuser, rechts der Torbogen zu den Klosterhöfen, und geradeaus erhebt sich über dem Torbogen zwischen Festspielhaus und Franziskanergarten das barocke Maßwerk der Universitätskirche, auf deren weißen Türmen die weißen Apostel wie auf einem Karussell, und zwar vor plötzlich graudriftender Atmosphäre, unterbaucht von rauchendem hellen Gewölk, wie wenn sich der Kalk der Kirche gelöst und mit der Luft vermischt hätte. Messinghelle Spitzen auf schiefergrauen Dächern. Alles wird sommerlich gewitterträchtig komprimiert, nur noch weiße Teile der Kirche wie herausgehackt. Jetzt stellt sich die graue Himmelsfläche senkrecht und wird salzweiß und gelbstichig, darin Hagel Korn an Korn liegt: und bricht zusammen wie eine Glasfront. Ein harter Knall und weiß springt's durcheinander auf dem Platz; und schnelle Verwandlung in einen Wasserschwall, der sich zügig verdünnt, das Wasser steht zentimeterhoch im Hof und wird malstromartig durch Kanaldeckel abgezogen. Auf dem Asphalt des Hofs tanzen noch silbrige Figürchen, gezogen und bewegt wie Marionetten. Herüber hüpfen die Werkstättenarbeiter der Festspiele, Mittagspause: Mahlzeit, Mahlzeit, das auf österreichisch-bayrisch wie Moizait klingt; und das amerikanische Paar beim Gulasch bewundert die Kultiviertheit der Salzburger, die sogar zum Essen einander »Mozart« wünschen.

WELTANSCHAUUNG

Die gefährlichste Weltanschauung ist die Weltanschauung der Leute, die die Welt nicht angeschaut haben. Ein Satz, der Vertrauen in den Autor vermittelt. Alexander von Humboldt lebte ein halbes Jahr in Salzburg, exakt vom 26. Oktober 1797 bis zum 24. April 1798 in einem Haus in der Schanzlgasse. Die Stadt hatte zehntausend Einwohner, über die Fürsterzbischof Graf Colloredo verfügte, ein wegen seines Geizes bei der Bevölkerung verhasster Absolutherrscher, und auch so ein Kapitän, der als Erster das sinkende Schiff verließ, er raffte seine Schätze zusammen und ließ die Stadt auf sich gestellt, lange bevor die napoleonischen Franzosen einmarschierten und Schluss machten mit der absoluten geistlichen Macht, was man Säkularisierung zu nennen pflegt, die, so wird zuweilen scherzhaft gesagt, nur an zwei Orten in Mitteleuropa sich bis heute nicht wirklich durchsetzen konnte: im Vatikan und in Salzburg.

Humboldt war also fünf Jahre vor der nominellen Säkularisierung in der Stadt, bevor er seine großen Amerikareisen machte. Ein gewisser ehemals ansässiger Joannes Chrysostomus Wolfgangus Theophilus Mozart war gerade sechs Jahre tot und in Salzburg noch immer totgeschwiegen. Kein Wunder, das Wunderkind war unter diesem Fürsterzbischof zwar als Hoforganist angestellt gewesen, aber so karg besoldet und unterdrückt und als zweitklassig behandelt, dass er's nicht mehr aushielt. Er schrieb von diesem *bettl-hof*, an dem die Hofmusik nur aus liederlichen, versoffenen und künstlerisch desinteressierten Musikern bestand. Er wollte weg. Dafür wurde er am 8. Juni 1781 mittels eines Fußtritts aus Salzburg entsorgt. Entsprechend kommt Mozart bei Humboldt auch nicht vor.

Viel konnte der überragend gebildete Berliner Weltreisende über diese kleine Ansiedlung auch nicht berichten. Was das Stadtbild so ungewöhnlich machte, war bereits von den reichen Fürsterzbischöfen des sechzehnten und siebzehnten Jahrhunderts realisiert worden. Sie hatten italienische Architekten und Künstler beauftragt, das mittelalterlich verwucherte Städtchen in ein »deutsches Rom« zu verwandeln, die Stadt neu zu komponieren und harmonische Beziehungen von Plätzen zu Bauwerken herzustellen, Räume zu schaffen als ästhetisch wirkungsvolle Bühne für die Auftritte der höchsten Repräsentanten. Salzburg als erweiterte Immobilie.

Wie jeder weiß, richtet sich die Wertschätzung einer Immobilie nach drei Kriterien: Lage, Lage und nochmals Lage. Und daran erinnerte sich Humboldt angeblich gegen Ende seiner mehrjährigen Amerikareise 1804 und soll folgendes Folgenreiche geschrieben haben: *Die Gegenden von Salzburg, Neapel und Constantinopel halte ich für die schönsten der Erde.*

Lage. Nicht Immobilie.

In Konstantinopel war Humboldt nachweislich nicht

gewesen. Bleiben nur Salzburg und Neapel. Bloß dass sein berühmter Satz über Salzburg auch nicht belegbar ist. Es handelt sich wohl eher um eine Wunschbildung, die von Salzburgern fleißig kolportiert wurde, sodass sie sich schließlich als Tatsache verfestigte.

Was hingegen belegbar ist, und zwar aus seinen Briefen, sind die Aussagen des Bruders Wilhelm von Humboldt über Salzburg. Der Universalgelehrte war öfter in Salzburg, sowohl auf Kur in Badgastein als auch in der Hauptstadt; und von ihm stammt unter anderen der Satz: *Denn es gibt nicht leicht eine schönere Lage und Gegend, eine große fruchtbare Ebene, in der man gerade in der Nähe und Ferne, die beide gleich wohlthätig sind, die in schöne Massen verteilten Gebirge sieht.*

Was ist glaubhaft, was ist nicht glaubhaft, was ist richtig, was ist falsch? Es wurde so viel schon über Salzburg gesagt und geschrieben und dabei derart Gegensätzliches, so man daraus nur schließen kann, dass Salzburg eben besonders spannend sein müsse. Schönheit fordert heraus.

Worüber sich alle einig sind: die besondere Lage der Stadt an den Alpenausläufern sowie die Besonderheit der Architektur des Altstadtbereichs. Alles andere ist von den jeweiligen Lebensbedingungen und daher auch Sichtweisen der Urteilenden abhängig.

Eine auffallende Konstante bei dem vielen Lob und Tadel bleibt, dass in der Hauptsache die Besucher besonders schwärmen, indessen die hier Ansässigen echten oder originalen Salzburger durchaus auch zu anderen Ansichten neigen, sie kennen ja ihr Schilda an der Salzach und sehen unter der Doktrin zum Hochglanzaufrechterhaltungsschein die gierigen Zerstörungen, die die Schönheit isolieren. Nun muss auch unwiederbringlich der letzte Auwald im Süden der Stadt für Showrooms und Privatparkplätze weichen, zu viele pekuniäre Interessen sind da im Spiel, als dass dieser Mord an der Stadtnatur aufgehalten werden könnte, zumal auch die Stadtpolitiker jeder Couleur nicht anders zu können glauben, als dem Begehren der Konzerne nachzugeben und dem Kahlschlag, der Rodung, der Betonierung unisono zuzustimmen.

Salzburg ist oft schon am Vollzug von vor Gier wahnsinniger oder größenwahnsinniger Ideen knapp vorbeigeschrammt. Eine dieser Ideen aus dem Gemeinderat um die Jahrhundertwende zum zwanzigsten Jahrhundert war, die Festung zu schleifen und die Steine kostengünstig zur Regulierung und Begradigung der Salzach zu verwenden. Der Salzburger Carl Spängler aber, nicht nur ehemaliger Revolutionär von 1848 und daher des Landes verwiesen, sondern später auch Kaiserlicher Rat, Inhaber einer Bank und Speditionsfirma, Mitbegründer der Internationalen Stiftung Mozarteum, dieser Spängler aus der seit 1689 in Salzburg nachgewiesenen Kaufmannsfamilie, deren Bank heute noch als die älteste Privatbank Österreichs besteht, empörte sich gegen diesen Plan und gründete mit Gleichgesinnten den Stadtverein. Hilfe bekam er von dem Maler, Lehrer und Gemeinderat Josef Mayburger (einer seiner Schüler war Hans Makart), der sich auch gegen eine Begradigung der Salzach stark machte. Das Projekt konnte mit der Mehrheit einer Stimme abgewendet werden. Heute ist nach Mayburger der Kai am rechten Salzachufer von der Lehener Brücke bis zur Stadtgrenze im Nordosten benannt, einer der geradesten Abschnitte im Salzach-Verlauf.

Immerhin stand nun den Salzburger Festspielen, als sie 1920 mit dem neun Jahre zuvor in Berlin uraufgeführten Mysterienspiel *Jedermann* unter dem Motto *Die ganze Stadt ist Bühne* eröffnet wurden, ein imposanter Teil des Bühnenbilds weiter zur Verfügung, und die *Jedermann*-Rufe können von der Festung in Richtung Domfassade abgesondert werden.

Wieder zwanzig Jahre später sollte die Festung erneut, diesmal zusammen mit dem Dom, zum Verschwinden gebracht werden. Nicht durch Abriss, sondern durch Kleinmachen. Die Nationalsozialisten hatten mit der Bühne Salzburg Großes vor. Erst mal sollte die Salzach im gesamten Altstadtbereich unter eine Betonpiste gelegt werden, um den Prachtaufmärschen der Tausendjährigen im »deutschen Rom« angemessen Platz zu bieten. Auf den beiden Stadtbergen aber sollten Walhallas errichtet werden von Dimensionen, die die Festung zu einem Pförtnerhäuschen und den Dom zu einer Kapelle diminuieren sollten. Auf dem Mönchsbergrücken war ein Armeekommando, auf dem Kapuzinerberg ein Gauforum geplant, teils auf Hitlers eigenen Vorstellungen basierend. Die Architekturzeichnungen lassen die Stadt zwischen diesen Monstern auf ein Weihnachtskrippchen zusammenschnurren. Da aber erst die ganze Welt erobert werden musste, kamen die Pläne nicht mehr zur Ausführung, und so bleibt den nachfolgenden Generationen die Aufgabe, die Schönheit mehr und mehr zu entblößen.

Bernhard Paumgartner veröffentlichte in den sechziger Jahren des zwanzigsten Jahrhunderts eines der profundesten Bücher über Stadt und Land Salzburg. Seine Haltung zu seiner Wahlheimat hat geradezu etwas Anbetendes. Er war Direktor des Konservatoriums und der Hochschule Mozarteum, von Beginn an für die Festspiele tätig und schließlich auch deren Präsident. Natürlich kannte er durch seinen privilegierten Umgang bestens die Zusammenhänge in dieser sogar für Kurzsichtige leicht durch- und überschaubaren Kleinstadt, und selbstverständlich wusste er, dass alle Äußerungen, die nicht dem geschönten Klischee zugunsten der Tourismuswerbung entsprechen, mit dem Siegel Ketzerei und Nestbeschmutzung versehen werden, und ich vermute, dass ihm auch die Gier im Begriff »privilegiert« nicht entgangen sein wird.

Zuneigung und Wissen, schreibt er, *sind ohne Kritik nicht denkbar. Immer muss eine gelegentlich herbe Kritik die Gegenkomponente aufrichtiger Bewunderung bleiben.* Er ist nämlich not amused, wie mit dem Erbe dieser architektonischen künstlerischen unwiederholbaren Schöpfung umgegangen wird und bemerkt, dass Zerstörung hauptsächlich in Verlust übergeht. Er schreibt von *Ungeist* und *vorwitzigen Taten*, meint allerdings nur den Bereich der Altstadt.

Freilich hat in den Jahrhunderten Stadtgeschichte die Gotik die Romanik zerstört, die Renaissance die Gotik und der Barock die Renaissance (vom Rokoko ist Salzburg weitgehend verschont geblieben). Allerdings scheinen Paumgartner *in der Folgezeit weit mehr alte Werte vernichtet, als neue baukünstlerische Werte geschaffen worden* zu sein.

Fast dreißig Jahre später sagt der in Salzburg geborene und am Festungsberg aufgewachsene Schriftsteller Gerhard Amanshauser Ähnliches zum Thema Kultur und Zerstörung: *Da braucht man ja nur Salzburg zu nehmen. Es ist kein einziges Gebäude oder irgendetwas seit 200 Jahren entstanden, was auch nur irgendwie bemerkenswert ist. Wo man eine neue kulturelle Tätigkeit hätte ausüben können, ist nichts entstanden, nichts, nur Dreck und vielleicht vier oder fünf … nur lokal dastehende Sachen, umflutet und umringt von einer riesigen Barbarei. Und man glaubt, dass trotzdem Kultur vorhanden ist.*

Amanshausers Konzept ist etwas weitläufiger als die altstadtzentristische Kritik Paumgartners. Er sieht, dass die Änderungen in einem größeren kulturellen Zusammenhang stehen, und meint, dass das, was wir heute als Reste einer früheren Kultur bewundern und erhalten wollen, aus der westlichen christlichen Kultur, in Mitteleuropa vor allem aus der römisch katholischen Kultur, entstanden war, und dass der Verfall in Europa identisch sei mit dem Verfall der christlichen Religion.

Vielleicht ist es so. Aber der Verfall einer Kulturepoche am Beispiel einer unter anderen Bedingungen entstandenen

Stadt ist zuerst an ihren Rändern zu sehen: Eine Gemeinschaft löst sich von ihren Rändern her auf und nicht zuerst im Zentrum der Macht.

Selbst bei der notwendigen Ausweitung der Stadt gegen Ende des neunzehnten Jahrhunderts wurde nicht so sehr in das Innenstadtgefüge eingegriffen, sondern es wurden erst ihre Grenzen entfernt und geschliffen, nämlich die weltlichen Bauwerke, die zum Schutz des kirchlichen Zentrums nicht mehr gebraucht wurden: die Stadttore und Basteien. Die Festung Hohensalzburg, teils auch Schutzburg für belagerte Fürsterzbischöfe ebenso wie Gefängnis unliebsamer Fürsterzbischöfe, kam immerhin, wenn auch knapp, davon.

Während der Verfall an den Rändern einsetzt, zieht sich das Machtzentrum eher zusammen, verhärtet mit der Zeit, die es damit verbringt, seinen Status zu halten, betoniert sich gleichsam ein, wird also immer unbeweglicher, bis es in Unbeweglichkeit implodiert. Den Zustand eines Gemeinwesens, einer Kultur, deren äußerliche Manifestation ja auch eine Stadtstruktur darstellt, kann man daran ablesen, welchen Grad an Beliebigkeit die Peripherie erreicht hat. Dies ist freilich kein spezifisches Salzburgphänomen, aber hier ist das Exempel wegen der außergewöhnlichen Schönheit besonders anschaulich.

Die kulturellen Einsichten sind heute im Kern auf Sachzwang und Rentabilität als unteilbare Basis begründet, und das ist so, wie wenn man ein Atom auf Proton und Neutron reduzieren möchte und nicht wüsste, dass ohne die

Bewegung der Elektronen der Kern tot wäre. So rodet man weiter für Showrooms und Parkplatz und anderes schnell anzubietendes vergängliches Zeug aus schnell vergänglichen Interessen und Kalkülen und denkt nicht daran, dass ein Herz einen Körper braucht und der Körper ein Herz, damit das Hirn versorgt werden kann. Natürlich kann man einem Lebewesen Beine und Arme amputieren und vielleicht noch einiges wegschneiden, ohne dass es zugrunde geht, dann ist das Denken allerdings ein anderes, man muss nun Ersatz schaffen für die Immobilität, das heißt, Platz für die Bewegungsersatzgeräte und andere Hilfsmittel, wo Auwälder natürlich im Weg stehen und zu Asphaltflächen werden müssen, um besser hinrutschen und den Ersatz kaufen zu können für das, was einem weg- und abgenommen wurde.

Den Zustand oder die Agonie einer Gemeinschaft, einer Stadt, die sich ja aus einer bestimmten Lebendigkeit entwickelt und manifestiert hat, zu sehen und zu benennen, ist das eine; einen Ausweg zu finden ist ungleich schwieriger, da ja Kräfte wirken, die mit der Geschichte einer lokal gewachsenen Struktur nichts mehr zu tun haben, wahrscheinlich auch nichts zu tun haben wollen, sondern ganz andere Interessen verfolgen. Somit ist auch der Boden, auf dem die gewählten Vertreter einer lokalen Gemeinschaft ihre Standhaftigkeit bewahren sollen, ein etwas schwingender. Woran und vor allem wie und überdies für wen sich aufrecht halten, wie abwägen, wie Gleichgewicht behalten?

Mitanzusehen, wie jemand, zu dem man große Zuneigung hat, langsam und kontinuierlich unter Einfluss von Drogen geràt, wie sich nach und nach sein Bewusstsein verändert, er sich »entfremdet« indem er nur noch darauf ausgerichtet ist, wie er, da ihm seine Umgebung weitgehend egal wird, zu neuem Stoff kommt, wie er vielleicht selbst verzweifelt ist über seine Abhängigkeit und sein Verhalten, das ja den anderen nicht verletzen will, aber nicht anders kann, als Vertrauen zu missbrauchen und unfreiwillig zynisch zu werden und alle Versprechungen zu geben, um nur so schnell wie möglich seine Gier befriedigt zu bekommen, macht einen erst mal hilflos; denn wo unterbricht man den circulus vitiosus, wo sind die Dealer, die den Stoff ranschaffen, vor allem wo sind die, die den Dealern den Stoff verkaufen, und die Mächte, die irgendwo sitzen und den Stoff weltweit verwalten und verteilen oder entziehen. Wenn nun, als Gedankenexperiment, eine Mehrheit abhängig wird, was geschieht mit einer Gemeinschaft? Und wie ist das mit der Droge Geld? Spricht man nicht sogar offen von Finanzspritzen, um etwas in Agonie weiter konsumierbar und abhängig zu erhalten?

Salzburg ist immer noch ein Sonderfall unter diesen Umständen. Dass das Zentrum in seiner im Mittelalter konzipierten Form weitgehend erhalten ist, kann man auch als zähneknirschendes Wunder bezeichnen. Die Gier nämlich, aus dem profitträchtigen Ensemble, das viele Millionen Touristen jährlich anzieht, Gewinn zu schlagen und damit die Besonderheit zu zerschlagen, schien in den siebziger und achtziger Jahren des zwanzigsten Jahrhunderts in ihrer Hemmungslosigkeit kaum aufzuhalten zu sein. Alte Gewölbe wurden gesprengt, Häuser ausgehöhlt, wo romanische Strukturen waren, entstanden Schaufenster für Billigkleidung, natürlich alles unter dem Motto: Die Zeit sei nicht stehen geblieben und man müsse, um nicht zurückzubleiben, mit ihr gehen. Was diese Phrasen in ihrer Substanz eigentlich bedeuten, hat niemand hinterfragt. Warum auch? *Denn modern sein, heißt nichts anderes, als dem Zeitgeist nahestehen oder ihm voraus-eilen*, hat schon Goebbels in einer Rede 1934 beschworen.

Die Gemeinde jedenfalls brauchte Steuereinkünfte, und dieser Sachzwang galt als unantastbares Maß, als sei er der Parameter für Modernität und Aufschwung, als genüge der Tanz um das goldene Kalb als kulturelle Leistung. Der Erfolg ist heute noch in der Judengasse zu sehen mit Schaufensterfronten vor entkernten Strukturen, teils leerstehend, teils jährlich wechselnd diesen und jenen Ramsch anbietend, sich entblößend für vorübereilendes Desinteresse, erschütternd in seiner geschmacksverachtenden, billigen, eintagsfliegenmäßigen Banalität, die Gasse wie ein defekter, stehengebliebener Zug.

BÜRGER

Dass die Altstadt sich dennoch nicht an beliebig hemmungsloser Profitsucht selbst verschlucken und verkommen musste und als Symbol von Beständigkeit noch besteht, mag in vielem der noch immer unantastbaren kirchlichen Macht zuzuschreiben sein, die diese Stadt ja in ihrer heutigen Form erfunden hat und nach über tausend Jahren absoluter Herrschaft und auch nach der Säkularisation vor über zweihundert Jahren weiterhin einen enormen Anteil davon besitzt. Die Kirche als ruhender Schenkel des Zirkels ist weiterhin und sichtbar intakt; was sich auflöst, sind überkommene, weil zu oft missbrauchte, sogenannte Werte der Moral und somit dann auch des ethischen Handelns, deren Stelle das scheinbar objektive Handeln allein aus wirtschaftlichem und gewinnorientiertem Kalkül eingenommen hat. Das ist nichts Neues, aber die Institution Kirche hat, wenn auch teils durch äußerste Grausamkeit und Unterdrückung, aber eben nicht nur, tausende Jahre erfolgreich ihr Unternehmen erhalten, indessen Diktaturen, Weltreiche, Dynastien und andere Mächte schnelleren Wechsel erfahren haben.

Man muss bedenken, dass die Bevölkerung Salzburgs, wie auch immer sie sich zusammengesetzt hat, seit 15 vor Christus bis 1945 stets fremdbestimmt und ohne entscheidende eigene Rechte gelebt hat. Man könnte im Extremen sogar sagen, seit 600 vor Christus, als die Kelten die Herrschaft über die ansässigen Illyrer übernommen hatten und somit über Gold, Kupfer und Salzabbau verfügten und ein Feudalsystem mit »aristokratischer« Oberschicht als Königreich Norikum einrichteten.

Das heutige Stadtgebiet zwischen dem Mönchs- und Kapuzinerberg an der Salzach haben die Römer ab 15 vor unserer Zeitrechnung als Iuvavum geschaffen, und gewisse Strukturen der heutigen Stadt sind noch immer den römischen Anlagen geschuldet. Nach der fünfhundert Jahre dauernden römischen Besatzung übernahm die katholische Kirche weit über tausend Jahre lang die absolute Macht über Land und Leute. Die vom Vatikan eingesetzten Fürsterzbischöfe waren die weltlichen und kirchlichen Herrscher. Formal könnte man sogar sagen, dass die Herrschaft nicht mit der Säkularisierung 1803 geendet hat, denn den Titel Fürsterzbischof legte erst Andreas Rohracher 1951 ab (meine Firmung im Dom 1966 wurde mir also noch vom letzten Träger des Titels »Fürsterzbischof« zuteil). Den Titel Primus Germaniae aber und die Funktion als legatus natus, also »geborener«, ständiger Legat des Papstes, behält man bis heute bei.
Möglicherweise hat eine derart lange, strenge hierarchische Struktur Auswirkungen auf die Mentalität einer Gesellschaft. Man wird daran gewöhnt, nicht aufzufallen, nicht aus der Rolle zu fallen, angepasst zu sein und seine Sachen heimlich zu machen und viel hinter vorgehaltener Hand zu reden.

Der Salzburger hat einsehen lernen müssen, dass er eher

ansässig als aufsässig sein darf. Durch derart andauerndes Beherrschtwerden hat er Beherrschung und Abwarten gelernt.

Vielleicht ist es das, was Jean Améry gemeint hat, als er 1976 den etwas apodiktischen Satz schrieb: *Der Menschenschlag der Voralpenlandschaft des Landes Salzburg ist widrig, kein Zweifel. Er ist heimtückisch, schmeichlerisch, grausam und von jenem fermentierendem Charme, der jeden Widerspruch mit Duljöh-Gelächter auffängt.*

Améry ist als Hans Chaim Mayer im Salzkammergut aufgewachsen und hat nach Internierungen in sechs Konzentrationslagern Österreich nicht mehr betreten. Für seinen Freitod 1978 allerdings hat er Salzburg gewählt und sich im Österreichischen Hof, dem heutigen Sacher, vergiftet.

Da ist etwas Merkwürdiges in dieser Stadt, die von temporär Zugereisten als Nonplusultra der Schönheit und als Juwel gepriesen wird, und die anderen wiederum, die sich hier ihre Villen oder Zweitvillen kaufen, als geziemende Umgebung für ihre Zufriedenheit gilt. Die Kulisse der Altstadt ist ein wunderbarer Spiegel, und einmal im Jahr wirft er durch die Veranstaltungen der sogenannten Hochkultur sogar mehrfach brillantes Licht auf sie zurück. Aber bei all dem, was außerhalb der Erhabenheit geschieht, kann man auch an Rilkes 1912 geschriebene *Erste Duineser Elegie* denken: *Denn das Schöne ist nichts als des Schrecklichen Anfang.*

Diejenigen, die hier gelebt haben, dürften die Stadt anders erlebt haben als etwa die frisch zugereiste Bestsellerautorin, die in ihrer Dreihundert-Quadratmeter-Altstadtwohnung nur den Kopf schütteln kann über jene, die nicht das unfassbare Glück zu erkennen imstande sind, in dieser Prachtkulisse dabei sein zu dürfen.

Es gibt die Rückseite des Spiegels, und die ist merkwürdig genug. Salzburg hat die höchste Zahl an Selbstmorden in Österreich. Und Österreich ist in Europa stets unter den ersten drei Ländern mit den meisten Selbsttötern. In den *Salzburger Nachrichten* war über dieses traurige Phänomen noch 1975 zu lesen: *Zweitausend Menschen pro Jahr versuchen im Bundesland Salzburg ihrem Leben selbst ein Ende zu machen, ein Zehntel dieser Selbstmordversuche endet tödlich. Damit hält Salzburg in Österreich, das mit Ungarn und Schweden die höchste Selbstmordrate aufweist, österreichischen Rekord.*

Bis in die späten siebziger Jahre berichteten die damals noch fünf Salzburger Tageszeitungen (*Nachrichten*, *Tagblatt*, *Volksblatt*, *Volkszeitung* und die kommunistische *Volksstimme* – die *Kronenzeitung* kam später ins Land), über die Freitode, in der Mehrzahl Sprünge vom Mönchsberg. Dann einigte man sich darauf, die Selbstmorde nicht mehr zu erwähnen, und hält es bis heute so. Es waren und sind zu viele, man glaubt durch Verschweigen eine eventuelle Beispielwirkung unterdrücken zu können.

Was ist das nur mit dieser Stadt am Fuß der *Zwingburg der Macht*, *Schönheit, von Unerträglichkeit bewohnt*, wie Erich Fried in einem Gedicht über Salzburg geschrieben hat?

Diese Freitodversuche durch Sprünge vom Mönchsberg

sind dem Stadtsalzburger trotz Veröffentlichungssperre kein Geheimnis, sie gehören gewissermaßen zum Alltag. Es ist immer grauenhaft, wenn man Zeuge eines solchen menschlichen Aufschlags wird, und ich habe es dreimal erleben müssen, und man bekommt es ein Leben lang nicht mehr weg, der dumpfe Aufschlag, und wie sich der Tote mit plattgeplatztem Kopf noch weiter bewegt und zerkrümmt verschrumpft, da die zersplitterten Knochen von den Sehnen noch zusammengezogen werden. Manche Zeugen retten sich in Galgenhumor, manche in Zynismus. Denn es kommt bei den Sprüngen zuweilen auch zu kuriosen Situationen, wenn etwa ein junger Mensch auf einen Rentner fällt, der junge Verzweifelte mit einem Knochenbruch davonkommt, der Rentner aber erschlagen ist. Oder wenn einer auf der Kühlerhaube eines Taxis aufschlägt statt auf dem Beton der Gstättengasse und seine Verletzungen überlebt, indessen die Taxifahrerin am Schrecken sofort verstirbt. Und der, der mit dem Auto auf den Mönchsberg gefahren und über die Kante mit heulendem Motor die Felswand entlanggestürzt war, hat eine Geschäftsfrau zum verwunderten Satz animiert: »Was, mit dem eigenen Auto? Hätte er sich auch ein Taxi nehmen können.«

Thomas Bernhard kannte die Stadt wie kaum ein anderer, er kannte sie durch alle Schichten und Facetten, von ganz unten in Armut und schließlich auch von ganz oben als wohlhabender und durch Festspielaufführungen geadelter Autor. Und er hatte bis zu seinem vierundzwanzigsten Lebensjahr die Möglichkeit, durch seine journalistische Tätigkeit beim *Demokratischen Volksblatt* Einblicke in Zusammenhänge im gesellschaftlichen Betrieb von Stadt und Land zu gewinnen, die anderen sonst verborgen bleiben.

Bernhard ist der einzige Zeuge bisher, der die Spannungen der kulturellen, also gesellschaftlichen Entwicklung Salzburgs im zwanzigsten Jahrhundert ohne den Zuckerguss angepasster Gefälligkeit beschrieben hat. Auch er sah schon als Adoleszent die zerschmetterten Selbstmörder, *von den beiden Stadtbergen gestürzt, mit Vorliebe vom Mönchsberg …* Man müsse, so Bernhard, als sensibler und schöpferischer Mensch von Salzburg weggehen, um nicht zugrunde zu gehen. Und hier treffen sich seine Aussagen mit den anderen Denkern, nur etwas massiver, denn er ist hier aufgewachsen und hat miterlebt, wie die Stadt sich ausschließlich auf Veranstaltungs- und Verkaufskultur spezialisiert, von der die hier Lebenden, so sie nicht in die Geschlossenheit der geschäftlichen Kalküle passen, weitgehend auf Distanz gehalten sind.

Veranstaltungskultur heißt, dass Leute für viel Geld engagiert werden, ihre Leistungen bringen und wieder verschwinden, am Ort selbst bleibt nichts und soll auch nichts entstehen: *Alles in dieser Stadt ist gegen das Schöpferische, und wird auch das Gegenteil immer mehr und mit immer größerer Vehemenz behauptet, die Heuchelei ist ihr Fundament, und ihre größte Leidenschaft ist die Geistlosigkeit, und wo sich Phantasie auch nur zeigt, wird sie ausgerottet.*

Zwischen Schein und Sein liegt die unglückliche Spannung, die jene zerreißt, die an ein eigenes Leben glauben und doch einsehen müssen, dass sie höchstens als Claqueure oder Chargen eine fremde Rolle in der »eigenen« Stadt darstellen dürften.

Gläubige braucht man in der Architektur der fürsterzbischöflichen Residenzstadt nicht, man braucht Untertanen, die dem Einzug der Fremdbestimmung akklamieren sollen: *Salzburg ist eine perfide Fassade, auf welche die Welt ununterbrochen ihre Verlogenheit malt und hinter der das (oder der) Schöpferische verkümmern und verkommen und absterben muss.* Es ist dies ein Zustand, wie Bernhard in seinem ersten Band seiner Autobiographie *Die Ursache* darstellt, der den denkenden und an lebendige Kultur und Gemeinschaft glaubenden Menschen vernichten muss, denn er ist in dieser Stadt unbeweglich gebunden *in den Schauprozess ihrer Weltberühmtheit wie in eine perverse Geld- und Widergeld produzierende Schönheits- als Verlogenheitsmaschine.*

Dazu passt *naturgemäß* die heutige *Heimführung* des Sound-of-Music-Kitsches nach sechzig Jahren (nun auch schon verblasstem) Erfolg in den USA. Auch hier wird noch letztes Geld- und Widergeld herauszupressen versucht aus einer kandierten Zitrone, die heile sangesfrohe Edelweiß-Welt aufrechterhalten für Touristik-Geschäfte und der brutale Wahnsinn des Hintergrunds mit abgerichteten Kindern ausgeblendet.

Ein oft wiederholter Vorgang in Salzburg: Nach fünfzig, sechzig, achtzig Jahren wird das, was sich in der Welt auf irgendeine Weise bewährt hat, zu Nutz und Frommen sich einverleibt, wie wenn jemand sein Kind weggegeben hätte, und erst als es anderswo berühmt und zu Geld gekommen war, seine Ansprüche als Erzeuger geltend machte.

Die Stadt ist für den, der sie und ihre Bewohner kennt, ein auf der Oberfläche schöner, aber unter dieser Oberfläche tatsächlich fürchterlicher Friedhof der Phantasien und Wünsche. Bernhard hat gesehen, wie hier unangepasste Kreativität durch fermentierende Ignoranz weggeätzt wird, und nur das sogenannte Gesicherte und dem Gesicherten Nachempfundene seine Chance zum Überleben hat. Die Millionenveranstaltungen der Festspiele haben mit einer eigenständig am Ort gewachsenen kulturellen Struktur so viel zu tun wie der Musikantenstadl mit einer Hausmusik; oder wie jemand, der seine Wochenendeinkäufe in den Innenstadt macht, mit den fast schon zur eigenen Stadt gewordenen Einkaufszentren in Taxham/Liefering.

Die Einwohner sind der Stadt entfremdet. Das fällt in den Monaten der sogenannten Hochkulturveranstaltungen besonders auf, da wohl niemand mehr das Gefühl hat, es ginge um Kunst oder Kultur an sich, sondern vielmehr um Bemäntelung von Interessen auf sehr hohem geschäftlichem Niveau, etwa wie es der Opernball für Wien darstellt.

Bernhard, dessen Stücke bei den Festspielen aufgeführt wurden, sieht das, was er den *Salzburger Ungeist* nennt, so: *Im Sommer wird unter dem Namen Salzburger Festspiele in dieser Stadt Universalität geheuchelt und das Mittel der sogenannten Weltkunst ist nur ein Mittel, über diesen Ungeist als Perversität wegzutäuschen, wie alles in den Sommern hier nur ein Wegtäuschen und ein Wegheucheln und ein Wegmusizieren und Wegspielen ist, die sogenannte Hohe Kunst wird in diesen Sommern ... für nichts anderes als ihre gemeinen Geschäftszwecke missbraucht, die Festspiele werden aufgezogen, um den Morast dieser Stadt für Monate zuzudecken.*

Zu solchen Verdammungen kann man entweder nur nicken und sagen, so ist es, oder man kann den Kopf schütteln und sagen, so ist es nun nicht. Irgendetwas stimmt ja immer bei Pauschalurteilen, und man kennt das Phänomen, dass man für Alles und Jedes Beispiele bringen kann, je nach Sichtweise, denn für jedes Beispiel gibt es ein Gegenbeispiel, und wenn man sich in dieses Spiel zwingen lässt, führt es eben – egal ob pars pro toto oder totum pro parte – zu Rechthaberei oder Anklage oder Zurechtweisung und verendet meist durch Besserwisserei in Beliebigkeit. Die großen Kritikergesten kommen vorwiegend aus einer selbstgewissen und durch Funktion vermeintlich überlegenen, abgesicherten Sicht, und so könnte man auch diese Art Bernhardscher Kritik als Luxuskritik bezeichnen. Man ist selber bereits Herrenreiter und verweist vom hohen Ross auf die verstümmelten, zusammengebundenen, verzopften Pferdeschwänze der anderen hohen Rösser als denaturiert und nicht mehr *naturgemäß*, ein Wort, das Bernhard zugeschrieben wird, das er allerdings von Stifter übernommen hat, nur eben öfter verwendet.

Am Besonderen reibt man sich eben besonders gern, und wenn es bei Bernhard heißt, dass man es bei Salzburgern *immer nur mit (hundertprozentigen) Katholiken oder mit (hun-*

dertprozentigen) Nationalsozialisten zu tun hat, *die nicht dazugehörende Minderheit ist eine lächerliche*, so verweist das nicht auf die Besonderheit, sondern auf etwas Allgemeines, das auf viele Dörfer und viele Städte gemünzt sein kann, ein Mückenschenkelchen davon wird immer stimmen.

Natürlich kann man einwenden, dass Salzburg die einzige Stadt in Österreich war, in der es zur Bücherverbrennung gekommen ist, in einverständigem Gehorsam am 30. April 1938, eineinhalb Monate nach dem Anschluss, und dass dies in Teilen der Presse anfeuernd begleitet wurde: im *Salzburger Volksblatt* (nicht zu verwechseln mit dem *Demokratischen Volksblatt*, für das Bernhard Anfang der fünfziger Jahre geschrieben hat) freute man sich über die von der HJ aus Leihbibliotheken und privatem Besitz requirierten und von Salzburger Buchhandlungen freiwillig zur Verfügung gestellten 1200 Werke jüdischer und klerikaler Schriftsteller, die an diesem Samstagabend auf dem Residenzplatz *dem Feuer übergeben wurden … die Umgebung, Residenzbrunnen, Häuser und Maibaum nebenan erhellend … Möge das Feuer auch Schimpf und Schand verzehren, die unserer deutschen Stadt von diesem Geschmeiß geschah. Frei und deutsch sei die Stadt Mozarts*. Hier wird wieder die Beliebigkeit der »Argumentationen« deutlich, denn dass man sich auf den Renegaten Mozart beruft, ist Chuzpe, abgesehen vom Vergessen, wer dieses so inniglich umarmte »deutsche Rom« geformt hat, nämlich der plötzlich auch zu verdammende Klerus.

Noch in den siebziger Jahren gab es Buchhandlungen in der Altstadt, die Bücher bestimmter Autoren nicht verkauften, in einer wurde mir als Student der Kaufwunsch eines Gedichtbands von Erich Fried von der Eigentümerin mit den Worten »Haben wir nicht, führen wir nicht und bestellen wir nicht« abgeschlagen. Zu Ehren der nicht mehr existierenden Buchhandlung kann ich sagen, dass die leitende Buchhändlerin mir den Band heimlich bestellte, sozusagen an der braunen Nase der Besitzerin vorbei. Aber selbst Bücher von Bertolt Brecht wurden nicht nur in dieser Buchhandlung nicht verkauft.

Dem aus dem amerikanischen Exil vorübergehend in die Schweiz zurückgekehrten staatenlosen Brecht war auf Intervention des Komponisten Gottfried von Einems, Direktoriumsmitglied der Salzburger Festspiele, 1950 die österreichische Staatsbürgerschaft verliehen worden. Er sollte dafür an den Festspielen mitarbeiten und schrieb an dem Stück *Salzburger Totentanz* als eventuellen Ersatz für den *Jedermann*. Als dies 1951 bekannt wurde, und auch, dass Brecht im gleichen Jahr bereits, sich zum Kommunismus bekennend, in die DDR übersiedelt war, kam es in Österreich zu einem Skandal, der Gottfried von Einem den Direktoriumsposten kostete und Brecht ein bundesweites Aufführungsverbot einbrachte, das erst in den sechziger Jahren von ein paar Theatern gebrochen wurde. In Salzburg dauerte es noch ein wenig länger, bis der Boykott zu Ende war. Brecht, Augsburger wie Leopold Mozart, ist daher 1956 als österreichischer Staatsbürger gestorben.

BRAUCH

Viel ist über Salzburg geurteilt worden, gegensätzlicher ist kaum möglich; schreiben die einen von der absoluten Schönheit, sehen die anderen nur die Fratze hinter der klaren Stirn. Nobel hat es Sigmund Freud ausgedrückt, der sich oft in der Stadt und im Kurort Badgastein aufgehalten und behaglich gefühlt hat inmitten der Schönheiten, die dieses Bundesland bietet: ... *alles einem Idyll so ähnlich, als man es nur in der mitteleuropäischen Hölle haben kann ...*

Selbst Bernhard hat sein Salzburg einmal gänzlich anders gesehen und beschrieben, nämlich als junger Journalist der sozialistischen Tageszeitung *Demokratisches Volksblatt*. Bis zu seinem vierundzwanzigsten Lebensjahr berichtete er über Land, Stadt und Leute voll Begeisterung und des Lobes über die bodenständige Authentizität durch die heimische Brauchtumspflege und den Glanz der Festspiele. Er ist im Sommer mehrmals unterwegs zu Interviews und berichtet unter anderem unter dem Titel *Deine Meinung, lieber Fremder ...?*: *Alles ist von farbenprächtigen Madames und panamabehuteten Gentlemen überflutet, und die eleganten Rolls-Royces bringen die Gäste zu den glanzvollen Festspielaufführungen.* Er holt sich die Zeugen, die die unnachahmliche Pracht Salzburgs bestätigen, nach Belieben in seine Texte und holt sich sogar nach Engländern, Amerikanern, Stuttgartern, Münchnern und Frankfurtern vermeintliche Exoten zum Beweis: *Ganz zufällig stießen wir auch auf einen Neger. Er machte große Augen und begann auf unsere Frage, wie es ihm hier wohl gefalle, in makellosem Englisch ein Loblied auf die Salzachstadt zu singen … Er will in Südafrika das Dirndlkleid einführen.*

Die Trachten, Dirndlkleid und Lederhose, hält er für kulturstabilisierend. Wann immer es ihm möglich ist, sowohl in redaktionellem Auftrag als auch bei selbstgewählten Themen, betont Bernhard die Bedeutung des Volks- und Brauchtums als jenen gesunden Boden, auf dem allein kulturell Nachhaltiges wachsen könne. Im Gegensatz etwa zu künstlerischen Äußerungen wie Bildern von Matisse, denen er zu gleicher Zeit Kurzlebigkeit vorhersagt, da der Maler Menschen wie Kleckse behandle.

Bernhard besucht Volks- und Blasmusikveranstaltungen, die ihm *stets ein prachtvolles Bild* vermitteln, die Darbietungen sind *ohne Ausnahme erfreuend.* Im hochsommerlichen Henndorf entzückt ihn der mitternächtliche Fackelzug des Prangerschützenvereins, tags darauf der *Festzug der Trachtenvereine und Musikkapellen, wunderbare Goldhauben, funkelnde Pferdegeschirre, schöne Mädchen und zünftige Burschen.* Zuvor schrieb er über *das gelungene und immer wieder herzerfrischende* Frühlingsvolkstanzfest, das *wirklich ein voller Erfolg und ein Triumph des bodenständigen Brauchtums war.*

Die meisten Artikel schreibt er über die Advents- und Weihnachtszeit, die Salzburger Winter regen ihn zu Superlativen an: *Badgastein feiert neuerlich seinen winterlichen Triumph*, und er verwendet in dem dreispaltigen Artikel über den Pongauer Ort (*... der herrliche Flecken am rauschenden Wasserfall, beliebt bei Aga Khan und jedermann ...*) die Adjektiva herrlichst, schönst, wichtigst, köstlich, besten dreizehnmal. In der Stadt erscheint ihm aber der Winter noch schöner, das Brauchtum prächtiger. Unter dem Titel *Der Advent wird eingeblasen ...* bekennt er sich vorbehaltlos zum Brauchtum: *Die Vorweihnachtszeit ist angebrochen, die innerlichste von allen*. In dieser Zeit *werden jetzt in Stadt und Land die uralten, ewig jungen Volksbräuche wach*.

Brauch, Brauchtum, Volkstum und das Bodenständige werden zu seinen Hauptsubstantiven: *Ist nun der Gasteiner Perchtentanz einer der schönsten Bräuche des Landes, so bildet in der Stadt das traditionelle Adventsingen den Höhepunkt winterlichen Brauches*. Er möchte das Turmblasen vom Glockenspiel nicht mehr missen müssen oder den *Gesang der schönen Stimmen des Adventchores*, und er ist von dem stimmungsvollen Hochgefühl so sicher getragen, dass er daraus einen Lehrsatz destilliert: *Mehr denn je ist heute das Brauchtum in unserem schönen Lande notwendig. Auch der Städter kann nur bestehen, wenn er neben dem Neuen immer wieder auch das Alte pflegt*, und: *Gerade Salzburg ist reich an wirklichem Brauchtum*. Zum Bodenständigen, zum Volkstum, zu Harfe, Zither und Hackbrett sollen die Leute kommen, um *Anteil zu haben an den bäuerlichen Gesängen froher, friedliebender und heimatverbundener Menschen*.

Bernhards letzter Artikel im *Demokratischen Volksblatt*,

Die schönen Weihnachtstage, gerät ihm zu einer bedingungslosen Liebeserklärung an die Stadt: *Ich möchte zu Weihnachten nicht fort sein. Nie und nimmer ... tausende Kilometer würde ich, sogar per Anhalter, zurücklegen, um die Krippenstimmung in Salzburg mitzumachen ... Ich liebe die Salzburger Christkindlzeit.* Und sein Bekenntnis umfasst die ganze *schöne alte Stadt*, in der nun keine Amerikaner mehr vorkommen, nur *Pferdegetrappel, Hofapotheke, Glockenspiel, Lebzelter, Knopfmacher, Bürstenbinder, Schmied und Schlosser, Weinstube und Menuettgetänzel ... Ich liebe es so, wie es jetzt ist: Ich liebe die Siegmund-Haffner-Gasse und den Rathausturm, ... ich liebe die Teekisten und die Feigenkränze ... ich liebe die Puppen, die Ma-ma sagen können. Ich liebe die Teddybären und Mickymäuse ... ich liebe die Kinder ... ich liebe sie alle, groß und klein.*

Wem soll man nun glauben, dem Kurzzeit- oder Langzeitgedächtnis, oder gar keinem Gedächtnis? *Rose, oh reiner Widerspruch ...*

Oder spricht aus Bernhards späteren verdammenden Sätzen über Salzburg das Entsetzen mit über sich als junger Mann, der die Zusammenhänge noch nicht erkannt und bloß für das Zeitungsgefüge mehr oder weniger freundlich nachgeplappert hat, was die Nachkriegszeit sich wieder schöngeredet hatte; er war ja gleichsam noch ein frisch Zugereister, arm und voll Hunger nach »Schönem«. Er wusste, selbst Trakl hatte die Schönheit Salzburgs beschworen.

Bernhards Chefredakteur, der spätere Festspielpräsident Josef Kaut, unter dem er das journalistische Handwerk gelernt hatte, behauptete später sogar, dass die sieben Jahre »Interregnum« der Nationalsozialisten von 1938 bis 1945 für Salzburg keine nachhaltige Wirkung erzeugen konnten.

Noch in den achtziger Jahren rief ein Empörter anlässlich einer Expressionisten-Ausstellung in der Galerie Welz »Entartete Kunst!« in den Raum, äffte ein Ausspucken nach und schritt erhaben davon.

Vielleicht sind die Nachwirkungen der Blut-und-Boden-Kunstpropaganda doch nicht so schnell verjährt. Immerhin hatte Salzburg auch das Privileg, nach München, Berlin, Leipzig und Düsseldorf 1938 als erste Stadt auf österreichischem Gebiet die Ausstellung *Entartete Kunst* ausgerichtet zu bekommen. In diesem knappen Monat zwischen 5. September und 2. Oktober kam mehr als die Hälfte der damaligen Bevölkerung zu dieser »Bilderschau« ins Festspielhaus, 40000 zahlten die fünfzig Pfennig Eintritt, um, wie es eine Salzburger Hetzzeitung nannte, *fassungslos vor den Ausgeburten menschlicher Verrücktheit* zu stehen; und schließlich geläutert einen unumstößlichen Kunstbegriff nach Hause zu tragen.

Sogar der Löwe auf dem Dach des Festspielhauses (von Rudolf Reinhart 1937 geschaffen), das Wappentier Salzburgs, mit dem Schild zur Abwehr nach jener Richtung hin aufgestellt, aus der seit Jahren die Drohung »heim ins Reich« tönte, hatte ausgedient und musste abgenommen werden. Heute thront er wieder auf dem Dachvorsprung und bleibt neben dem marmornen romanischen Löwen im Eingangstor zum Langenhof in der Sigmund-Haffner-Gasse ein besonderes Beispiel von Darstellung des symbolischen Tiers im öffentlichen Raum.

Moderne Kunst im öffentlichen Raum ist in Salzburg noch immer etwas, das viele aufregt. Was nicht gleich erkennbar ist, soll da auch nicht hin. Dem »gesunden Volksempfinden« ist zwar egal, ob man die Wälder im Stadtgebiet umlegt und durchbetoniert oder andere Landschaftsschutzgebiete umwidmet, aber er wird unwillig und wütend, wenn man ihm im Altstadtbereich etwas hinstellt, das vorher noch nicht dagewesen ist und daher auch nicht hingehört.

Wochenlang dauerten die Proteste gegen die sogenannten »Zungenbärte« Friedensreich Hundertwassers an der Fassade des Museums der Moderne Rupertinum. Wegen der paar rundlich niedlichen, in Silber und Gold gehaltenen, heute kaum mehr auffallenden Keramiken, war die Eröffnung des Museums 1983 für viele eine Zumutung an ihren gesunden Menschenverstand. In das Buch, das vom Museum an das Gitter zur Philharmoniker-Gasse hin angekettet wurde, um die Meinungen der Salzburger zu sammeln, trug sich hauptsächlich Empörung und Volkszorn gegen die *Kulturschande* ein, von *Unfassbar! Das schlägt dem Fass den Boden von den Füßen weg!* bis zum kleingeschriebenen *pfui* mit Rufzeichen bis zum Zeilenende.

Im Frühling vier Jahre zuvor war schon einmal die kulturelle Integrität Salzburgs einem unerhörten Anschlag ausgesetzt. Auf dem Residenzplatz war ein wundersamer »Wald« aus riesigen baumstammähnlichen Skulpturen von

Pino Castagna gewachsen, und auf dem Kapitelplatz waren Keramikfiguren des Künstlers aufgestellt. Für die Dauer von zwei Monaten. Nicht einmal der Rummel des herbstlichen Rupertikirchtags auf diesen Plätzen um den Dom darf so lange dauern. Den mächtigen Stelen konnte man nicht viel anhaben, die Keramikfiguren aber hielten nicht alle der handgreiflichen Verachtung stand.

Erneute Aufregung gab es 1991 um das Mozartdenkmal am Mozartplatz. Der Künstler Anton Thuswaldner hatte die Figur mit Einkaufswagen ummantelt. Leserbriefe und Kolumnen in der regionalen Presse gaben der Empörung Ausdruck, wie heruntergekommen die heutige Kunst sei, die den Genius Loci auf seinen merkantilen Wert herabzuwürdigen imstande sei.

Eine der zeitlich jüngeren Empörungen richtete sich wieder gegen ein Mozartdenkmal, eine Skulptur von Markus Lüpertz, die 2005 vor der Markuskirche auf dem Ursulinenplatz aufgestellt wurde. So habe Mozart doch nie ausgesehen, halb Mann halb Frau, ein Frevel sondergleichen. In einer Aktion bei Tag vor applaudierenden Passanten wurde die Figur von ein paar selbsternannten Rettern der abendländischen Kultur geteert und gefedert und erinnerte bis zur Restaurierung ein wenig an Papageno, der in manchen Inszenierungen der Zauberflöte im Federkostüm auftreten muss.

Was die Musik betrifft, so stieg der Salzburger Feinsinnigkeit nur einmal besonders die Galle hoch, als nämlich im März 1965 die Beatles auf dem Salzburger Flughafen landeten. Einer der führenden Demonstranten, später Leiter einer bedeutenden musikalischen Gesellschaft, schritt mit dem Transparent *Zuwachs für den Alpenzoo* seinerzeit und seiner Zeit tapfer voraus und trug mutig dazu bei, dass auch die Beatles die Festung nicht einnehmen konnten; oder was auch immer diese Feinde der Musik vorhatten; offiziell waren sie nach Salzburg gekommen, um in den Bergen eine Sequenz für einen ihrer Filme aufzunehmen.

Inzwischen sind die Proteste gegen zeitgenössische Kunst etwas dünnflüssiger, was möglicherweise auch der Arbeit der Salzburg Foundation zuzuschreiben ist. In einem Projekt über zehn Jahre hin, begonnen 2002, hat diese Privatinitiative zwölf Werke internationaler Künstler der Weltkulturerbe-Stadt für ihre öffentlichen Plätze geschenkt. Dieser »Walk of Modern Art« stellt auch eine Bereicherung für den sogenannten Fremdenverkehr dar, denn manche dieser Skulpturen sind sogar von Anfang an nicht abgelehnt worden. Der unumschränkte Star für die Touristen ist der *Mann auf der goldenen Kugel* von Stephan Balkenhol auf dem Kapitelplatz, den Blick fest zur Festung hinauf gerichtet. Das meistgehasste Werk ist die schon erwähnte Mozart-Hommage am Ursulinenplatz. Am Makartplatz steht auffällig die riesige *Caldera* von Anthony Cragg. Der hochaufgeschossene Stahlstuhl von Marina Abramowicz an der Staatsbrücke ist so dezent zu den Oberleitungen gefügt, dass er den meisten gar nicht auffällt. Auf dem Mönchsberg in der Nähe des Museums der Moderne gibt es den *Sky-Space* von James Turrell sowie, etwas im Wald verborgen, die *Leuchtziffern* von Mario Merz. Anselm Kiefer hat am Furtwänglerpark einen eigenen steinernen Pavillon, nicht weit davon stehen die *Gurken* von Erwin Wurm, wohl schon ein vorauseilender Kompromiss an die heimische Erträglichkeitsschwelle, denn sie waren größer konzipiert. Im Hof der Dietrichsruh an der Sigmund-Haffner-Gasse neben der Franziskanerkirche wurde von Jaume Plensa ein riesiger Marmorkopf installiert. An den Staatsbrückenköpfen gibt es Neonschrift-Installationen von Brigitte Kowanz. In einer Nische im Felsen über dem Parkgarageneingang des Toscaninihofs steht eine kleine, feine Frauenfigur aus Holz von Balkenhol, deren rotes Kleid allerdings schon am Verblassen ist.

Dies gibt der Altstadt nun erst mal einen modernen Anstrich. Und dieser Zehnjahresplan hatte noch andere Vorteile: erstens jenen »volksnahen« Kritikern, deren Hauptargument stets »der Steuerzahler« ist, dessen Geld für »solchen Schund« verschleudert wird, den Wind aus den Segeln zu nehmen, zweitens eine gute, seriöse, »zukunftsweisende« Werbung für den Hauptsponsor, eine Schweizer Bank, die in Salzburg eine Niederlassung gegründet hat, und drittens ein Geschäft auch für heimisches Kunstmanagement, etwa die Galerie Ropac, als »Power-seller« avantgardistischer Kunst gepriesen und weltweit operierend.

Bisher sah es etwas trüb und herkömmlich aus mit Skulpturen, die, da und dort anscheinend ohne erkennbaren Plan hingestellt, einen Geschmack bedienten, über den sich niemand Gedanken zu machen brauchte, zufällig ausgewählt, je nachdem wer wen wo im Gemeinderat gekannt hat. So steht auch im Hof des Trakl-Hauses nicht eine Trakl-Büste, sondern der von Arno Breker gefertigte Kopf des ehemaligen senegalesischen Präsidenten Senghor, der auch Gedichte geschrieben hat.

Das avantgardistischste Spektakel in Salzburg boten lange Zeit die Fiaker, sozusagen mit Fluxusvorstellungen, denn die Kutscher wollten ihren Gästen auch etwas mitteilen während der Rundfahrten. Ich habe einen Kutscher gehört, der, die Pferde anhaltend, sich zurückneigend und auf Fischer von Erlachs rein barocke Kollegienkirche weisend, seinen Fahrgästen auf sehr österreichisch erklärte (ich übersetze ins Hochdeutsche): »Dies dort ist die Kollegenkirche, später gotisch mehrmals umgebaut, da haben die Fürsterstbischöfe gesessen. Das waren die Ersten in Salzburg. Ein Fürsterstbischof, das ist halb Bischof halb Mensch. Hüa.« Und die Pferde zogen wieder mit hängenden Köpfen an.

Vor dem Bericht über den größten Aufruhr aber, den je eine Statue in der Stadt erregt hat, noch einmal zu Alexander von Humboldt, den Ahnherrn der modernen Salzburg-Massentouristik. Der ihm zugeschriebene Satz *Die Gegenden von Salzburg, Neapel und Constantinopel halte ich für die schönsten der Erde* hatte zur Folge, dass sich nicht mehr nur die gebildeten Reisenden zu dieser Schönheit bequemten. Der Originalsalzburger hat in den weit über tausend Jahren Feudalherrschaft bis zur Säkularisierung unter etwa siebzig Fürsterzbischöfen, von denen lediglich zwei aus dem Raum Salzburg stammten, gelernt, fremdbestimmten Interessen zu folgen. Er durfte innerhalb der fürsterzbischöflichen Immobilien nach frommem Maß und zu fürsterzbischöflichem Nutzen zwischen Maria Plain und Hellbrunn seine Kenntnisse pflegen, weiter hinaus war ihm kaum gestattet. Und nun merkte er nach und nach, dass die Welt zu ihm kam. Es genügt doch, wenn die Leute ihr Wissen und Geld herbeibringen, was soll er sich selber ein Bild machen und aufsitzen und hinausreiten, er ist das Bleiben gewöhnt. So bewundert er die Fremden und ihr mitgebrachtes Wissen, ihre Dukaten bestätigen ihn in seiner Bewunderung, er wundert sich über das lukrative Interesse, wird zum sesshaften Geschäftskundigen, richtet sich niemals nach dem Kommenden, sondern richtet alles nur für die Kommenden ein, und bleibt ergo, wie gewohnt, weiter fremdbestimmt.

Im Einheimischen hat sich ein besonderes Gen entwickelt: das Salzburger Gen. Dieses Gen bestimmt die Überzeugung: Nur was von außen kommt, ist gut.

So ein Gen bremst natürlich ein wenig. Man muss erst abwarten, ob sich etwas bewährt hat. Im Fall Humboldts hat die Zurückhaltung über achtzig Jahre gedauert, bis man sich seiner ehrend erinnerte, obwohl man längst mit dem ihm zugeschriebenen Satz werbemäßig operierte. Bedenken waren aber dennoch da, auch wenn man sich eingestehen musste, dass es dem Namen Humboldt mit zu verdanken ist, sich als Weltempfänger gut situiert zu haben. Eigentlich, meinen die einen im Rathaus, habe er die Stadt beleidigt, als er uns die Gegend vorgezogen hat, andererseits, argumentieren die anderen, hat er sie geehrt, indem er sie genannt und die Gegend rundum drapierte. Kompromiss: keinen Platz für Humboldt, nur ein winziges Sträßchen in Froschheim in Bahnhofsnähe und – quidquid id est timeo Salzburgos et dona ferentes – das Danaergeschenk einer Terrasse an der Mönchsbergwand, so auf dreiviertel Höhe, immerhin mit Blick über Altstadt und ein Stück der schönsten Gegend der Erde. 1886 wurde zur Erinnerung an den humanistischen Wohltäter Humboldt dort eine Gedenktafel enthüllt und ihm die Aussichtsterrasse an der Felswand über dem Klausentor gewidmet, von der man sich einen Überblick über die Schönheit Salzburgs verschaffen möge. Es war nicht vorauszusehen, dass diese Humboldt-Terrasse von den Einheimischen nicht nur zum Staunen genutzt wurde und wird, sondern auch als Absprungrampe ins Nirwana. Die Humboldt-Terrasse hat für die Selbsttöter seit je eine besondere Anziehungskraft.

1791 war Mozart im Alter von 35 Jahren in Wien gestorben. Für Salzburg blieb er noch lange gestorben. Erst 44 Jahre nach seinem Tod wagten einige Kenner einen ersten Vorschlag, Mozart in seiner Geburtsstadt endlich Anerkennung zukommen zu lassen. Ein Schriftsteller namens Julius Schilling gründete 1835 zusammen mit ein paar kultivierten Salzburger Kaufleuten ein Comité zur Schaffung eines Mozartdenkmals, ein erstes Zeichen erwachenden Selbstbewusstseins des liberalen Bürgertums. Allerdings war auch im längst säkularisierten Salzburg die Mehrheit im Gemeinderat immer noch der Meinung, dass Mozart eine Persona non grata zu sein habe. Ein Denkmal für einen »solchen« würde Salzburg niemals finanzieren (wenn selbst die Kaiserin Maria Theresia in einem Brief an ihren Sohn diesen Mozart zur Kategorie der *unnützen Leute* zählte, von denen man sich fernhalten solle).

Aber langsam sprach sich ja doch herum, was in der Welt eine Selbstverständlichkeit schon war, dass es sich nämlich bei Mozart nicht bloß um einen obrigkeitsrenitenten Musikanten handelte, der zu Recht mit einem Tritt in den Hintern aus Salzburg entfernt wurde.

Da sich die Stadt weiterhin weigerte, für ein Denkmal aufzukommen, riefen die Befürworter zu Spenden auf. Auf die Dauer war der weltberühmte Mann in Salzburg nicht mehr zu verhindern, die Anfänge waren immerhin lang genug nach seinem Tod gemacht. 1841 wurde der Dom-Musikverein und Mozarteum gegründet, der sich schon für eine Mozart-Forschung und Autographensammlung einsetzte und bei der Enthüllung des Mozart-Denkmals das erste Musikfest ausrichtete. Aus dem Verein bildete sich 1870 die Internationale Mozartstiftung, die Ludwig Ritter von Köchel mit der Erstellung von Mozarts Werksverzeichnis beauftragte.

Indessen war auch eine stattliche Summe an Spendengeldern für ein Denkmal zusammengekommen, und die Stadt stellte in einem heroischen Akt gegen wütende Proteste aus den eigenen Politikerreihen, der Kirche und der Bevölkerung schließlich den Michaelerplatz als Standort zur Verfügung.

Für viele, besonders für die Kirche und ihre Frommen, galt dies als Zeichen für die Verrohung der Welt, als Frevel und Gotteslästerung, als Untergang jeden Glaubens, jeder Moral, jeder Ordnung, man sah wahrhaftig den Teufel in die Stadt einreiten und sie verderben. Ein Aufruhr sondergleichen. Ein bisschen übertrieben war dies schon, aber nicht unverständlich. Für die Statue musste nämlich der schöne Michaeler-Brunnen mit der Figur des beliebten heiligen Michael weichen. Die Michaelskirche, gegenüber der Nordflanke des Doms, die dem Platz den Namen gab, ist immerhin die älteste Kirche Salzburgs und besteht seit 780. Man konnte das durchaus als Verdrängung des Geistlichen durch das Weltliche interpretieren.

Der Auftrag, eine möglichst große Mozart-Figur in Bronze herzustellen, war an den Münchner Hofbildhauer Ludwig von Schwanthaler gegangen; und 51 Jahre nach Mozarts Tod kam es schließlich zur symbolischen Heimholung des verlorenen Sohns in seine Geburtstadt.

Der »reale« Mozart war ja nach der schnellen anonymen Entsorgung III. Klasse im Dezember 1791 in ein nicht mehr zu bestimmendes »allgemeines Grab« des St. Marxer Friedhofs in Wien für immer verschollen. Niemand seiner Angehörigen oder Bekannten hatte ihn begleitet, Constanze besuchte das angenommene Grab erst siebzehn Jahre später.

Dafür überragt Constanzes Grabstein alle anderen des Grabes der Familie Mozart auf dem Salzburger Sebastiansfriedhof. In diesem sogenannten Mozartgrab liegt allerdings niemand, der den Namen Mozart am Lebensende getragen hat. *Constantia von Nissen, Wittwe Mozart, geborne v. Weber* steht auf dem größten Stein; daneben liegen Constanzes Tante Genovefa, Mutter des Carl Maria von Weber; dann eine Jeanette Berchthold, die erste Tochter von Mozarts

Schwester Nannerl (die hat ihre letzte Ruhe am Petersfriedhof); auch der Gatte Constanzes, Nikolaus von Nissen, ist im Familiengrab der Mozarts untergebracht; und dann gibt es noch eine kleine Steinplatte, worauf der Name Leopold Mozart zusammen mit dem Namen Euphrosina Pertl, Mozarts Großmutter mütterlicherseits, genannt ist.

Glauben sollte man diesen Angaben nicht, denn Leopold Mozart liegt abseits in einer der Gruftarkaden. Und die Mutter Mozarts ist in Paris begraben.

Anders als bei seiner Beerdigung waren zu Mozarts Auferstehung in Bronze an diesem 4. September 1842 eine Menge Personen auf dem Michaelerplatz anwesend. Nur seine Ex-Frau Constanze war wieder nicht dabei, diesmal sehr entschuldigt, sie war sechs Monate zuvor verstorben. Sie hätte es nicht weit gehabt, denn ihr Haus Nr. 8 stand am Michaelerplatz, der erst 1849 in Mozartplatz unbenannt wurde.

Die drei Meter hohe Statue auf dem fast drei Meter hohen Sockel ist eine bemerkenswerte gusstechnische Leistung der Münchner Erzgießerei von Johann Baptist Stiglmayr mit lediglich drei Hauptgussteilen, nämlich Kopf, rechter Arm und Körper. Ästhetisch ist die Figur klassisch allgemein gehalten, könnte genausogut irgendeine andere außergewöhnliche Person symbolisieren, was wohl der Idee der Zeitlosigkeit geschuldet sein mag.

Zu dem Festakt waren auch die beiden Söhne Mozarts gekommen, Karl Thomas und Franz Xaver Wolfgang Mozart. Wolfgang Mozart, fünf Monate vor dem Tod seines Vaters geboren, war Pädagoge und Komponist und dirigierte anlässlich der Feierlichkeiten eine eigens komponierte Festkantate nach Motiven aus seines Vaters Werk. Zwei Jahre danach starb er auf Kur in Karlsbad. Sein um sieben Jahre älterer Bruder Karl Thomas, Beamter in der Lombardei, kam dann noch einmal 1856 aus Anlass der Festivitäten zum hundertsten Geburtstag Mozarts nach Salzburg; zwei Jahre später starb er in Mailand.

Bei Nacht war die Mozart-Statue aus Deutschland nach Salzburg gebracht worden, eine enorme Hohlform, die nicht ungenützt bleiben sollte. Sie war bis an den Hals mit Zigarren gefüllt. Die Arbeiter zur Errichtung des Denkmals waren eingeweiht und wurden mit Zigarren zusätzlich entlohnt.

Tabakhandel unterstand im damaligen Österreich einem äußerst strengen Reglement. Auf Einfuhr standen hohe Zölle. Eine Zigarre war ein Luxusgut erster Klasse, sozusagen eine heutige Trüffel. Der Schmuggel wäre nicht aufgefallen, wenn sich nicht ein Arbeiter öffentlich zigarrenrauchend gezeigt hätte. Ein Arbeiter damals mit einer Zigarre zwischen den Zähnen war so auffällig, wie wenn heute ein Straßenkehrer mit Hermelinmantel um die Schultern und goldenem Lorbeerlaub ums Haupt seinen Dienst versähe.

Es gab eine Anzeige, auch ein paar Nachforschungen und Befragungen, aber keine Konsequenzen. Zu viele einflussreiche Leute waren wohl an dieser Aktion beteiligt, und schließlich konnte man nicht den Glanz der ersten offiziellen Mozartehrung durch den Makel einer illegalen Transaktion mit anrüchigem Mehrwert trüben. Immerhin war dies das erste Geschäft, das im Namen Mozarts gemacht wurde.

Der ungeliebte Joannes Chrystostomus Wolfgangus Theophilus Mozart aus der Getreidegasse 9 mit dem lateinischen Künstlernamen Amadeus, hergeleitet aus dem griechischen Theophilus, auf Deutsch Gottlieb, war auf einmal Gold wert.

Nicht nur als unfreiwilliger Schmuggler wirkte Mozart posthum nach, sondern auch als Entdecker des doppelten Salzburger Bodens.

Es hatte einen Grund, weshalb die Aufstellung der Statue nicht zu Mozarts fünfzigstem Todestag geschehen konnte, sondern sich um ein Jahr verzögerte. Bei den Grabungen zur Beseitigung des Michaeler-Brunnens 1841, an dessen Stelle das Denkmal zu errichten bestimmt war, stieß man erstmals auf Fundamente einer römischen Villa und fand auch das berühmte Mosaik, ein Hausschild mit den Wörtern: *Hic habitat … nihil intret mali*; das fehlende Wort war mit *felicitas* leicht zu identifizieren, der Spruch war bei den Römern nicht unüblich: Hier wohnt das Glück, nichts Böses trete ein.

Als die Römer 15 vor Christus die strategisch günstige keltische Ansiedlung besetzten, immerhin bereits ein Verwaltungszentrum der Kelten im Königreich Noricum, holten sie die Bewohner von den Stadtbergen und siedelten sie im heutigen Stadtgebiet an. Die Kelten hatten ihre Anwesen wegen der steten Überschwemmungsgefahr auf dem Festungsberg, dem Rainberg und dem Kapuzinerberg errichtet. Die Ufer des Ivarus, der römische Name für die Salzach, wurden befestigt, und Juvavum, von wo aus man auf dem Wasserweg ohne Unterbrechung bis Regensburg gelangen konnte, wurde zu einer der wichtigsten Städte in der römischen Provinz Noricum.

Die Kelten, von Zeitgenossen als groß, stark, blond bis rotblond und blauäugig beschrieben, assimilierten sich und vermischten sich während der fünfhundert Jahre mit den Besatzern aus dem Stiefelland.

Keltisch-römisch sind also die kulturellen Wurzeln im Gebiet Salzburg.

Die Römer, oder die, die von Rom zum Erobern ausgesandt worden waren, gaben erst 488 nach Christus zu Beginn der Völkerwanderung die Provinz Noricum und somit Juvavum auf.

Was aber tat der Urjuvaver, der keltisch-römisch zugewanderte Frühsalzburger? Er machte nicht mit bei der Völkerwanderung, er blieb und ließ wandern. Wo sollte er auch hin, wenn er schon mitten in der schönsten Gegend der Welt hockte. Nur die armen römischen Verwalter und Soldaten mussten in ihr Italien zurück, Villen mit Bodenheizungen, Mosaike, Tempel, Tongeschirr hinterlassend.

Das ist der Boden, auf dem das heutige Salzburg steht. Wo immer man sich auch im Altstadtbereich bewegt: Unter Asphalt, Steinplatten und Kies befinden sich die Fundamente der Römerstadt. Wo immer man in der Altstadt gräbt, findet man Relikte aus der Römerzeit, zumindest Tonscherben, wie zuletzt beim Umbau des Festspielhauses, wo sich die Erde unter dem Beton des Toscaninihofs als mit tausenden von Scherben gespickt erwies.

Selbst die Oberfläche ist zuweilen noch von der römischen Stadtkonstruktion bestimmt, denn der kuriose Verlauf der Kaigasse im rechten Winkel ist dem römischen Tempel geschuldet, um dessen zwei Fronten der Weg von der Salzach zur Innenstadt führte, das heißt bis zum heutigen Mozartplatz.

Nach Abzug der Römer blieb es für zweihundert Jahre finster um diese Ansiedlung, die gebliebenen Juvaver zogen sich wieder auf die Stadtberge zurück und ließen die Trümmer Trümmer sein, es gab ja in den Jahrhunderten davor, trotz Römern, schon genügend Zerstörungen durch Quaden und Markomannen und Alamannen, etwa bereits um 171 die vollkommene Zerstörung Juvavums. Was soll man denn aufbauen, wenn ohnehin alles wieder zusammengehauen wird. Abwarten, was kommt.

In das Vakuum nach dem Abzug der Römer hat es einen germanischen Stamm unbekannter Herkunft gezogen, von dem man erst seit 530 Kunde hat: die Baioarii, was als »die Männer aus Böhmen« übersetzt wird, die heutigen Bayern (dass sich der Begriff Bayern von Barbaren ableitet, wird eher allgemein als unrichtig erachtet). Diese von Historikern auch als »Findelkinder der Völkerwanderung« bezeichnete Gemeinschaft bestand vermutlich aus elbgermanischen Söldnern, ausgemachten Raubeinen, die sich als Hilfstruppen in römische Dienste begaben, ziemlich spät noch, als die römische Herrschaft bereits zu bröckeln begann. Sie waren von Südböhmen an die Donaukastelle beordert worden, hielten die Festungen und saßen dann, als die Römer abgehauen waren, verstreut an diesen Schlüsselpositionen.

Der Mensch braucht aber schließlich ein gewisses Stück Boden, um bodenständig zu werden, und das Gebiet um Ex-Juvavum war ja weitgehend frei, und so ließen sich die Baiuvaren auch da nieder und vermischten sich mit der übriggebliebenen Mischung aus Kelten und Romanen.

Juvavum selbst, die gänzlich zerstörte Stadt, wo seit 470, also noch zu römischer Besatzungszeit, in den Mönchsberg-Katakomben beim Petersfriedhof erste Christen lebten, interessierte die Bayern nicht so sehr, sie waren keine Händler, die mit dem aus Ruinen bestehenden, aber günstig gelegenen Umschlagplatz etwas anfangen konnten, sondern heidnische Bauern, die das fruchtbare Land der Ebenen nutzten. Steinbauten kannten sie nicht. Ihre Höfe, Anwesen und Dörfer bestanden aus Holzbauten, die Wände großteils aus geflochtenen, mit Lehm abgedichteten Zweigen, die steilen Dächer waren mit Schilf, Stroh und Rinde gedeckt, die Kornspeicher zum Schutz vor Mäusen auf Pfählen errichtet.

Von Regensburg über den Chiemgau und den Flachgau bis Linz siedelten sich die Bayern an, Ackerbau und Viehzucht betreibend, irgendwelchen naturreligiösen Mythen anhängend, und durch ihre Söldnervergangenheit stark genug, um die Awaren, ein Reitervolk aus den Steppen Innerasiens, hinter der Grenze der Enns in Schach zu halten.

Dass diese Baioarii sesshaft wurden und tüchtig Land kultivierten, heißt noch lange nicht, dass sie die Herrschaft über die Gebiete hatten. Erst mussten diese gottlosen Elbgermanen selbst kultiviert werden. Dafür sorgte das Königreich der Franken.

Die dem katholischen Christentum angehörenden fränkischen Könige aus dem Geschlecht der Merowinger setzten die Agilolfinger zur Verwaltung der Bayern ein. Von den Agilolfingern ist auch noch immer nicht klar, wo sie herkamen, aus Burgund, dem Frankenreich oder gar aus Italien, Hauptsache katholisch. Jedenfalls kam es zur Lex Baiuvariorum, die das Recht der agilolfingischen Herzöge auf die Herrschaft über die Bayern festschrieb. Nur mussten die Bayern erst mal katholisch missioniert werden, was sehr erfolgreich war, jeder hatte schließlich Vorteile davon: Bayerische Häuptlinge, die sich zuerst bekehrten, wurden zu Herzogen, und die fränkischen Merowinger hatten ein riesiges, sicher verteidigtes und fruchtbar gemachtes Gebiet, das sie verwalten ließen, sie brauchten nur die Direktiven ausgeben. Cuius regio, eius religio: Wer regiert bestimmt die Religion.

Manchmal wird der soeben Überzeugte sogar päpstlicher als der Papst, und die Bayern blieben ihrer auferlegten Überzeugung bis heute treu. »Dich werden wir auch noch katholisch machen!« war ein Satz, mit dem im österreichisch-bayrischen Raum bis Ende des zwanzigsten Jahrhunderts zuweilen noch unfolgsamen Jugendlichen gedroht wurde.

Den Rest der Bayern erledigte religionsmäßig der Wormser Bischof Rupert, und damit war auch das katholische Schicksal Salzburgs besiegelt. Der Mann wurde später natürlich heiliggesprochen. Gegen Ende des siebenten Jahrhunderts kam er ins zerstörte Juvavum, gründete ein Kloster und ließ eine Kirche erbauen auf dem Platz, auf dem heute der Dom steht. Die Bayern ließen sich ja leicht überreden und gezwungenermaßen auch jene alteingesessenen Juvaver auf dem strategisch günstigen Platz an der Salzach mit dem umliegenden flachen und landwirtschaftlich gut zu nutzenden Land. Aber südlich dieses Gebietes weiter das Alpenvorland in die Berge hinein, im Pongau, Tennengau, Pinzgau, Lungau, blieben die aus illyrischer Vergangenheit kommenden Keltoromanen noch lange skeptisch und standhaft. Bloß im Pongau, dem heutigen Bischofshofen, wurde 712 die sogenannte Maximilianszelle eingerichtet, und Geistliche sollten von dort aus die Slawen an der Lammer und im Umkreis von Golling missionieren, was nicht sehr erfolgreich war, denn schon acht Jahre später zerstörten die bösen heidnischen Slawen die Zelle. Rupert hatte ohnehin anderes zu tun in seinem von den Franken und von Rom gestützten diplomatischen Auftrag. Die Heroen des Alpenvorlands und der Alpen, die ja schon vor hunderten von Jahren immer wieder für den Reichtum der Stadt gesorgt hatten, müssten irgendwann durch den Filter des Umschlagplatzes Salzburg kommen, wo sie im Lauf der Zeit schon rein aus Geschäftsgründen katholisch werden würden.

Den Franken hat Salzburg also zu verdanken, was es heute ist. Und den Bayern natürlich auch, die waren bei all ihren Bemühungen um Ackerbau und Viehzucht von selbst wohl nicht auf die Idee gekommen, mit Hilfe des Katholizismus gute Geschäfte zu machen, aber das wollen sie heute nicht mehr hören.

Rupert jedenfalls ließ auch das erste Damenkloster erbauen, holte seine Verwandte Erintrudis samt Anhang aus Franken und setzte sie 715 als Äbtissin ein. Damenkloster muss man sagen, denn das Kloster Nonnberg war als Versorgungsstätte adliger weiblicher Mitglieder der Agilolfinger gedacht. Der Bayernherzog Theodbert aus dem Geschlecht der Agilolfinger schenkte den Damen große Stücke Land; noch heute ist der Stadtteil Nonntal weitgehend im Besitz des Klosters, und allein über die Mieteinnahmen kann sich das Kloster gut erhalten. Manchmal werden Häuser und Wohneinheiten auch als Eigentumswohnungen verkauft, die Verträge besagen aber, dass nach 99 Jahren der Besitz an das Kloster zurückfällt.

Stift Nonnberg ist das älteste Frauenkloster im deutschen Sprachraum, wobei erst 1848 der Adelszwang für die Aufnahme in das Kloster aufgehoben wurde.

Älter ist nur das Stift St. Peter, die Wiege des katholischen Salzburgs, seit der Gründung 696 ununterbrochen in religiösem Dienst, und damit auch das älteste Männerkloster im deutschsprachigen Raum. Wahrscheinlich, das legen Funde von Mauerresten unter dem Altar der Stiftskirche St. Peter nahe, gab es bereits zweihundert Jahre früher an dieser Stelle einen kirchlichen Bau.

Mit St. Peter beginnt die Ära einer 1200 Jahre dauernden unumschränkten kirchlichen Macht über Stadt und Land im Dienst des päpstlichen Roms. Dieses religiöse Zentrum heißt seit 750 Salzburg und nicht mehr Juvavum und war so bedeutend, dass es auch dem Land seinen Namen verliehen hat. Es ist wohl das einzige Beispiel, wo Hauptstadt und Bundesland denselben Namen tragen, sogar Brasilia unterscheidet sich von Brasil.

In gläubigem Dienst waren die Klosteranlagen zügig ausgebaut worden und im Jahr 803 um einen Stiftskeller erweitert. Der ist somit auch das älteste Wirtshaus, und es heißt nicht von ungefähr, dass der Stiftskeller Goethe als Vorbild zu Auerbachs Keller im *Faust* diente, und nicht der Keller in der Leipziger Mädler-Passage.

Im Kloster St. Peter befindet sich auch die älteste Bibliothek Österreichs mit über tausend Handschriften und knapp tausend Inkunabeln (Werke des Frühdrucks) unter den 120000 Bänden, darunter das *Verbrüderungsbuch* des heiligen Vergil aus dem Jahr 784, in dem die Namen der Bischöfe nach Rupert überliefert sind.

Heute beherbergt das Benediktinerkloster zweiundzwanzig Mönche und achtzig Angestellte, die die reichlich vorhandenen Besitzungen in Stadt und Land verwalten, teils noch aus den großzügigen Schenkungen Theodberts herstammend, und im ursprünglichen Sinn des Worts »gründlich« vermehrt. Unter den ersten Schenkungen befanden sich damals sogar Teile der Quellsalinen Reichenhalls, die zusammen mit der Saline Hallein am Dürrnberg die Wohlhabenheit der fürsterzbischöflichen Höfe sehr beförderten.

Es gibt wohl außerhalb des Vatikans keinen Ort der Welt, in dem die Kirche einen derart hohen Anteil an Grundbesitz hat. Da sind ja nicht nur die Benediktiner, sondern auch die Franziskaner, die als zusätzliches Bollwerk gegen den aufkommenden Protestantismus im Bereich St. Peters angesiedelt wurden, statt der Petersfrauen, deren Orden aufgelöst wurde. 1583 kamen die Gründerpatres aus diversen bayerischen Klöstern, und die bisherige Stadtpfarrkirche wurde zur Franziskanerkirche, die man durch einen Hochbogen mit dem Kloster verband. Die Franziskaner hatten in Salzburg eine schwere Geschichte; 1800 machten die Franzosen aus ihrem Kloster eine Kaserne samt Gefangenenlager, von 1938 bis 1945 wurde es zum Hauptquartier der Gestapo, nach 1945 installierten die Amerikaner dort den Sender Rot Weiß Rot, den späteren ORF; erst 1973 kamen die Franziskaner wieder in den Besitz des ganzen Klosters.

Als zweiter Bettelorden nach den Franziskanern waren 1596 Kapuziner nach Salzburg geholt worden, deren Kloster vom Kapuzinerberg aus die Stadt überwacht. Fürsterzbischof Wolf Dietrich erhoffte sich von der einfachen Art dieses Ordens eine Konkurrenz zum evangelischen Geist, der in Salzburg mehr und mehr Anhänger fand.

Wenn man von Rupert als ersten Kirchenfürsten ausgeht, so sind es bis zur Säkularisation 1803 74 Fürsterzbischöfe, die Salzburg regierten und mit eiserner Faust katholisch erhielten. Und da der Titel erst 1951 abgelegt wurde, kommt Salzburg auf insgesamt 86 Fürsterzbischöfe.

Irgendeine Art demokratisch gewählter Volksvertretung hat es hier bis ins neunzehnte Jahrhundert nicht gegeben.

Jedes Anderssein wurde von den Fürsterzbischöfen unerbittlich verfolgt und unter Folter bis zum Tod bestraft. Die letzte Ausweisung 1731/32 von 22000 Protestanten war noch nicht einmal das Ende der Gewalt. Unliebsamen oder andersgläubigen Personen wurden längst wieder Prozesse wegen Zauberei oder Hexerei gemacht, und so kam es noch 1750 zur Enthauptung einer »Hexe«, Maria Pauerin, ein sechzehnjähriges Mädchen aus Mühldorf am Inn, dem besondere Fähigkeiten als Medium nachgesagt wurden; auch hier war Salzburg führend, es war die letzte Hinrichtung einer »Hexe« auf dem Gebiet des heutigen Österreichs. Im restlichen Europa waren solche willkürlichen Prozesse bereits seit hundert Jahren verachtet.

Folterungen und Hinrichtungen wegen Hexereien waren im sechzehnten Jahrhundert in Salzburg ein gern angewandtes Mittel zur Unterdrückung. Dann war fast ein Jahrhundert Schluss mit den Methoden, bis die bischöflichen Fürsten wieder vermehrt Angst vor Protestanten und Arbeitslosen bekamen. Während die Stadt im heutigen Prunk bereits bestand, kam es auf dem Land zu Hunger und Arbeitslosigkeit. Obdachlose, Bettler, Hausierer, durch den Niedergang des Montanwesens arbeitslose Knappen, unbrauchbar gewordene Landsknechte, alle wurden vom Glanz der reichen Stadt angezogen. Um den Strom der Vaganten einzudämmen, erfand man den »Schadenzauber«, den diese angeblich über Mensch und Tier verhängten. Sie würden Unglücksfälle herbeihexen. 1675 wurde die Gollingerin Barbara Koller unter Folter als Hexe überführt, erdrosselt und verbrannt. Ihr Sohn, der »Zauberjackl«, konnte fliehen. Aber zwei Jahre später wurden vier Knaben verhaftet, die angeblich zur Bande dieses Jakob gehörten. Unter Folter gaben die Buben wahllos Namen von Personen an, die Hexen und Zauberer sein sollten. Im Jahr 1681 wurden 133 Menschen aller Altersstufen hingerichtet, sogar Kinder von zehn Jahren wurden erdrosselt oder geköpft, andere starben bereits im Gefängnis. Die Anklagen unter Fürsterzbischof Kardinal Max Gandolf von Kuenburg lauteten: Teufelsbündnis, Hexentanz, Wetterzauber, Werwolfzauber, Nachtflug, Schadenzauber an Mensch und Vieh oder einfach Zauberkunststücke aller Art.

Auffallend aus heutiger historischer Sicht ist, dass die Hingerichteten ausschließlich aus der ärmsten Schicht stammten, indessen die Anschuldigungen gegen Geistliche oder Vertreter der Obrigkeit keine Folgen hatten. Für die Prozesse zur Beseitigung der Armen und zur Abschreckung der Bevölkerung wurden eigene Gebäude errichtet, etwa der berüchtigte Hexenturm am Platz der heutigen Kreuzung Paris-Lodron-/Wolf-Dietrich-Straße, in dem die Gefangenen, teils aufgehängt in Kupferkesseln, unter Folterungen bereits vor den öffentlichen Hinrichtungen zugrunde gingen. Die

Überlebenden wurden meist erwürgt und auf Scheiterhaufen verbrannt. Irgendwie muss dies dem Fürsterzbischof Max Gandolf aber selbst nicht geheuer gewesen sein, denn er ließ 1678 zur milderen Hinrichtungsart ein Fallbeil konstruieren, das allerdings nur bei Verurteilten unter vierzehn Jahren zur Anwendung kam. Die anderen wurden weiterhin von besoffenen Schergen mit dem Schwert geköpft. Fast Dreiviertel aller Hingerichteten waren Minderjährige. Die Idee dahinter war allerdings keine religiös geprägte, sondern dem Bettelvolk, also den sozial im Moment Störenden und Unbrauchbaren und dem Salzburger Hof nicht Integrierbaren, den Nachwuchs zu nehmen.

Die Prozesse endeten nicht, weil es keine »ausrottenswerten Personen« mehr gab, sondern einfach aus dem Grund, weil der Kardinal die Kosten für Inhaftierungen, Folter und Hinrichtungen nicht mehr tragen wollte. Zudem hatte er, um die »Arbeit« seiner Vorgänger zu komplettieren, noch andere Feinde auszurotten, nämlich die Protestanten, ehrenwerte Bürger und Bauern und vor allem Knappen, die ja mit dem Salz und den Metallen aus den Bergen den Reichtum in die Stadt scheffelten, und die man nicht mittels Zauberanklagen so leicht beseitigen konnte.

Im heutigen Salzburg mit seinen 41 katholischen Kirchen (Kapellen und Klöster nicht mitgerechnet) und drei evangelischen Kirchen (diese allerdings erst seit dem neunzehnten und späten zwanzigsten Jahrhundert), erscheint es verwunderlich, dass im sechzehnten Jahrhundert eine Mehrheit der

Bevölkerung dem Protestantismus zuneigte. Luthers Lehre gegen Ablässe und Unterdrückung und die Proklamation *Von der Freiheit eines Christenmenschen* 1517 aber hatte auf Bürger, Handwerker und Bauern großen Einfluss. Sie waren in jeder Beziehung geknechtet unter den prunksüchtigen Fürsterzbischöfen. Während die evangelischen Prädikanten landauf landab den Menschen sagten, dass aus dem Evangelium weder die Unfreiheit der Bauern noch die Abgaben außer dem Zehnten abzuleiten sind, erfanden die Herrscher neue Steuern, unter anderen eine hohe Weihsteuer und das »Ungeld«, eine zusätzliche Getränkesteuer, indessen das Volk sehen musste, wie die Würdenträger ihre Weihen herablassend vernachlässigten und steuerfrei soffen. Aufstände folgten, Belagerungen, aber schließlich übernahmen die Fürsterzbischöfe mit Hilfe »ausländischer« Truppen mit noch größerer Härte wieder die absolute Regentschaft. 1555 war es schließlich im sogenannten Augsburger Frieden zum Gesetz geworden, dass die Landesherren die Religion ihrer Untertanen bestimmen. Damit waren auch die Salzburger »Säuberungen« legitimiert. Die sadistische Brutalität, mit der in Salzburg gegen die Bevölkerung vorgegangen wurde, war allerdings durch das Augsburger Gesetz nicht gedeckt. Ganz Deutschland war entsetzt über diese Art der Potestantenaustreibung, obwohl man vom Salzburger Hof schon einiges gewohnt war. Bevor es nämlich zu diesem erzwungenen Massenexodus kam, hatte bereits der Fürsterzbischof Graf von Kuenburg eine abschreckende Variante zur Reinhaltung des Glaubens inszeniert. In zynischem Kalkül befahl er mitten im härtesten Winter im Dezember 1684 die Austreibung der Bewohner des zu Salzburg gehörenden osttirolischen Defereggentals nur mit dem, was sie gerade am Leib trugen. Kinder unter fünfzehn Jahren wurden aus den Familien genommen, um sie im richtigen Glauben zu erziehen. Wie viele Deferegger in den Schneemassen der Alpen umgekommen sind, ist nirgends verzeichnet, aber viele werden nicht durchgekommen sein. Zwei Monate danach erging der gleiche Befehl gegen die stolzen Halleiner Bergknappen, auch sie wurden von Schergen von ihren Kindern getrennt und verjagt. Die Männer, die heimlich zurückkamen, um ihre Kinder zu holen, wurden von Häschern ergriffen und als Galeerensträflinge nach Venedig verbracht.

Nach diesem Schock blieb es für fünfzig Jahre etwas ruhiger um Salzburg, die zwei folgenden Fürsterzbischöfe ließen nicht mehr Hunderte auf einmal hinrichten, sondern beschränkten sich da und dort zur Abschreckung auf Einzelhinrichtungen durch Ertränken, Erwürgen, Enthaupten und Verbrennen. Erst Fürsterzbischof Leopold Freiherr von Firmian ließ sich im achtzehnten Jahrhundert eine »umfassende Lösung« für die Protestanten im Land Salzburg einfallen. Er beschloss, sie auszuweisen. Er saß ja bereits in dem von seinen Vorgängern gestalteten, prächtigen Salzburg, wie wir es heute als Altstadt kennen, und brauchte nur noch einen erhabenen Titel: Er wollte für seine Tat vom Papst die Kardinalswürde. Davor schreckte selbst der Vatikan zurück. Im Land Salzburg kam es zu Protesten der Katholiken gegen die Protestantenaustreibung, tausende katholische Bürger und Bauern verlangten von den Landpflegern, ebenfalls ausgewiesen zu werden, und in Wagrain legten sie sich sogar mit den Soldaten an.

Am 31. Oktober 1731, sinnigerweise dem Reformationstag, war der Befehl ergangen, dass alle Protestanten ohne Grundbesitz, die »Unangesessenen«, innerhalb von acht Tagen das Fürstentum zu verlassen haben. Soldaten trieben die Knechte, Mägde und Dienstleute zusammen und jagten sie, ohne dass sie irgendetwas mitnehmen durften, aus dem Land. Vom Schicksal dieser fünftausend Menschen weiß man nichts mehr.

Den Bauern gab man drei Monate Zeit, ihren Besitz zu verlassen. Immerhin bot König Friedrich Wilhelm I. von Preußen an, die Vertriebenen aufzunehmen. 1737 waren schließlich 22000 Salzburger Protestanten aus dem Pinzgau und Pongau vertrieben, von denen etwa 16000 in das bevölkerungsarme Ostpreußen zogen, andere nach Hannover, ein paar hundert in die Südstaaten Amerikas. Die fast achthundert Bergleute vom Halleiner Dürrnberg, die in die Niederlande emigrierten, waren dort nicht willkommen, für ihre Ankunft wurde nicht vorgesorgt, sodass die meisten verhungerten oder an Epidemien starben, die paar Überlebenden fanden Zuflucht in deutschen Reichsstädten.

Das Entsetzen über die Austreibung war landauf, landab groß, und sogar Goethe ließ sich hinreißen und schrieb, dass dies ein Sujet sei, das man in seinem Leben nicht zweimal findet, und er verwendete es auf seine Weise in *Hermann und Dorothea*:

Was die Neugier nicht thut! So rennt und läuft
nun ein jeder,
um den traurigen Zug der armen Vertriebenen
zu sehen.

Der Exodus eines Fünftels der Gesamtbevölkerung des Landes bedeutete einen Schaden, von dem sich Salzburg lange nicht erholte. Es nützte nichts, dass man die fast zweitausend verlassenen Bauernanwesen und Ländereien an sogenannte »Glaubensunverdächtige« vergab, hauptsächlich aus Schwaben, Bayern und Tirol. Die kamen zwar günstigst zu Haus- und Landbesitz, konnten aber die vertriebenen Bauern nicht ersetzen. Schon gar keinen Ersatz gab es für die Dürrnberger Knappen.

Am Hof lebte Firmian nach der Protestantenvertreibung (während der er die Wände der Pferdeschwemme bemalen ließ und seine Stallungen ausbaute) weitere zwölf Jahre in Luxus, ließ zu Ehren seines Vornamens Schloss Leopoldskron errichten, indessen die dezimierte Bevölkerung in jeder Beziehung verarmte, sowohl materiell durch die extremen Steuern als auch geistig der verschärften Überwachung und Zensur wegen, die die Menschen gleichsam zur Unbeweglichkeit verpflichteten. Alles war eingeschränkt, selbst Bücher durften nicht verkauft werden. Denunzianten allerdings wurden stets mit Geld belohnt.

Diese Art Gewaltherrschaft war keine Erfindung Firmians, er hatte nur die Schraube ein Stück weitergedreht, sondern war bereits vom Gründer des barocken Salzburgs hundertfünfzig Jahre zuvor konstitutionalisiert worden. Wolf Dietrich von Raitenau schuf die Voraussetzungen für die Stadt als Bühne fürsterzbischöflicher Repräsentation.

BAUHERR

Wolf Dietrich, über seine Mutter mit Papst Pius IV. verwandt, hatte in Rom studiert, dort nicht nur die Ideen zu städtebaulicher Gestaltung aufgenommen, sondern sich auch die Schriften Macchiavellis einverleibt, die einen unerbittlichen, fürstlichen Absolutismus propagierten. Als er 1587 mit achtundzwanzig Jahren zum Fürsterzbischof gewählt wurde, wollte er schnellstmöglich die italienischen Verhältnisse auf Salzburg übertragen und aus der Kleinstadt ein deutsches Rom gestalten. Ihm allein sei jedes geistliche und weltliche Mitglied des Landes unterworfen. Er entmachtete das Domkapitel, das ihn gewählt hatte (und dem er seit seinem sechzehnten Lebensjahr als Domherr angehörte) und erfand Steuern, um seine geplanten Bautätigkeiten zu finanzieren. Allein für eine Bittschrift, die Abgaben etwas lockern zu wollen, da wegen der hohen Mautgebühren der Handel zurückging, ließ er die Bittsteller köpfen. Da könnte man fast ausrufen: Wehret den Anfängern.

Kein Jahr nach seinem Amtsantritt befahl er, sämtliche Personen, die sich nicht zum katholischen Glauben bekennen, auszuweisen. Dafür erhoffte er sich von Papst Sixtus V. die Kardinalswürde, die er allerdings nicht erhielt. Eine Reihe angesehener Bürgerfamilien verließ die Stadt und siedelte ins benachbarte Österreich um, darunter auch die Familie

Alt. Die schöne Tochter Salome Alt behielt er bei sich. Oder sie blieb bei ihm. Zwang kann es nicht gewesen sein, denn sie lebten nicht heimlich miteinander, immerhin gebiert sie ihm fünfzehn Kinder, von denen zehn am Leben blieben. Für Salome ließ er auch Schloss Altenau errichten, das von seinem Nachfolger vergrößert und in Schloss Mirabell umbenannt wurde.

Vielleicht weil er den Kardinalstitel nicht bekam, vielleicht auch wegen der protestantischen Familie seiner Salome, jedenfalls ließ er im inquisitorischen Eifer gegen die Lutheraner nach. Dafür gab es noch einen Grund, nämlich die Halleiner Bergknappen, die das weiße Gold aus dem Berg scheffelten und überzeugte Protestanten waren. Auf diese Spezialisten konnte er nicht verzichten, denn er brauchte Geld. Viel Geld, um die Stadt neu zu gestalten.

Er beauftragte den venezianischen Architekten Vincenzo Scamozzi mit der Planung einer Modellstadt, die das mittelalterlich verwucherte und verwinkelte Städtchen in seinem pestfördernden, prekären hygienischen Zustand öffnen und zu einem deutschen Rom machen sollte: Mindestens fünf große Plätze braucht eine wirkliche Stadt, war eines seiner Ideale. Salzburg hat sieben im Altstadtbereich. Er ließ fünfundfünfzig Bürgerhäuser abreißen, Residenzen aufbauen, abreißen und wieder bauen. Nichts blieb übrig, kein Rest des Virgil-Doms, mit 66 Metern Länge und 33 Metern Breite eine der drei größten Kirchen im achten Jahrhundert, und selbst der Domfriedhof, der heutige Residenzplatz, wurde gerodet. Wolf Dietrich machte tabula rasa. Es war egal, dass auch seine Vorgänger auf dem Domfriedhof bestattet waren, kein Grabmal wurde geschont. Bedenken wegen des, wie man zu sagen pflegt, vom Heiligen Virgil gebauten Doms? Wolf Dietrich soll gesagt haben: Virgil? Maurer haben ihn gebaut.

Unrecht hatte er nicht mit der Respektlosigkeit, denn der 774 fertiggestellte Virgil-Dom war 845 abgebrannt. Der nächste, der Hartwig-Dom, wurde 1167 aus Rache abgefackelt (der romanische Löwe in der Toreinfahrt zum Langenhof soll daher stammen). Mit 122 mal 48 Metern folgte der Konradische Dom 1177. Der hielt, bis Wolf Dietrich beschloss, dass er ihm zu klein sei. Man sagt sogar, er habe 1598 selbst den Dachstuhl angezündet. Jedenfalls sollte Scamozzi einen Riesendom entwerfen, gleich vierzig Meter länger als der vorige.

Salzburg war eine einzige Baustelle. Über siebzig Bauvorhaben waren geplant, einige waren schon vollendet, als Wolf Dietrich sich schließlich übernahm. Um zu noch mehr Geld zu gelangen, begann er wegen des Salzabsatzes Krieg mit den Bayern, besetzte Berchtesgaden, was sich Herzog Maximilian natürlich nicht gefallen ließ und mit seinem Heer auf ein Sprüngerl in Salzburg einrückte. Das war's erst mal für den Erzbischof, der im Oktober 1611 seiner bereits mit sieben Wagen voll Geld und Schmuck vorausgeflohenen Familie nachreiste, hinter dem Katschberg aber gefangen genommen wurde. Das ging natürlich nur mit Zustimmung des Domkapitels. Fünf Jahre bis zu seinem Tod wurde er, obwohl er auf seine Herrschaft verzichtet hatte, unter verschärften

Bedingungen von seinem Nachfolger, Cousin und Neider, Markus Sittikus auf der Festung gefangen gehalten. Salome Alt musste mit ihren zehn Kindern nach Wels ins Exil.

Obwohl sie sich nie besonders leiden konnten, setzte Markus Sittikus den absolutistischen politischen und städtebaulichen Weg Wolf Dietrichs fort. Er holte sich nur einen anderen Architekten, den Palladio-Schüler Santino Solari, der in 34 Jahren als Hofbaumeister unter diversen Erzbischöfen die Stadt so gestaltete, wie wir sie heute in der Schönheit ihrer Maße von Plätzen zu Bauwerken kennen. Nach vierzehnjähriger Bauzeit war auch sein Dom 1628 fertig, die Residenzen standen, er hatte für Sittikus noch Schloss Hellbrunn samt Wasserspielen und Steintheater entworfen, auch die Embsburg in der Hellbrunner Allee.

Markus Sittikus hatte nur sieben Jahre Zeit zum Regieren. Die nützte er für gnadenloses Vorgehen gegen Protestanten, allerdings auch für strenge Gesetze gegen die lockeren Sitten der eigenen Geistlichkeit, gegen Unzucht und außereheliche Verbindungen, denn es gab kaum eine Pfarrei im Land, in der nicht eine Gefährtin des Herrn Hochwürden samt den gemeinsamen Kindern wohnte. Aus einem Bericht nach einer Generalvisitation durch die Kapuziner geht hervor, dass die Kleriker *eher Diener des Bacchus oder Mars, als Diener Christi sein wollten*. Für Markus Sittikus galten die neuen Regeln selbstverständlich nicht. Er unterhielt ein Verhältnis sowohl mit der Frau seines Hauptmanns, dem er die Embsburg erbauen ließ, als auch mit deren Schwester.

Aber er schuf die Grundlage für die spätere Universität. Eine Idee, die Wolf Dietrich schon hatte, der erkannte, dass es für die weitere Selbständigkeit des Landes von Vorteil wäre, eigene juristisch gut geschulte Beamte zu haben. Markus Sittikus schaffte es in Zusammenarbeit mit Benediktinerklöstern, die die Professoren zur Verfügung stellten, die meisten kamen aus dem schwäbischen Stift Ottobeuren, Ende 1617 ein Gymnasium einzurichten, an dem sich gleich hundertfünfzig Studenten einschrieben.

1619 wurde Paris Graf Lodron Erzbischof und blieb 32 Jahre im Amt. In dieser Zeit vervollkommnete er, was seine beiden Vorgänger begonnen hatten. Und dies während des Dreißigjährigen Kriegs, aus dem er Salzburg, wenn auch teuer erkauft, herauszuhalten wusste. Die Stadt wurde von Santino Solari nach venezianischer Fortifikationstechnik ausgebaut. Mauern, Schanzen und mächtige Bastionen machten sie uneinnehmbar. Sogar Kurfürst Maximilian I. von Bayern rettete sich 1632 samt seinen Schätzen und Archiven ins sichere Salzburg.

Neben den Fortifikationen entstanden unter Paris Lodron die Universitätsbauten. 1622 wurde die Salzburger Universität gegründet, und einer der ersten Studenten war Abraham a Santa Clara. Damals kamen vierhundert Studenten auf kaum achttausend Einwohner. Die Universität trägt noch immer den Namen Paris Lodron, was in der Zeit der Globalisierung von den meisten zu Studienbeginn erst mal als Paris London Universität gelesen wird.

Der Dom für zehntausend Menschen wurde 1628 eingeweiht, Bischöfe und Äbte, Kurfürsten und Herzöge zwischen Köln und Wien kamen zu dem Fest, das eine Woche dauerte, und die Bevölkerung wurde mit Essen und Trinken freigehalten. Die von Paris Lodron proklamierte Amnestie für Gefangene galt ebenso wie die Aufhebung der Landesverweisungen nicht für Mörder und Protestanten.

Als der Fürsterzbischof Ende 1653 im Schloss Mirabell starb, war Salzburg in jeder Beziehung fertig: in ihren Grundzügen als Modellstadt, wie man sie heute kennt, aber auch mit einer Bevölkerung, die, nicht nur bedingt durch die gewaltigen Ausgaben für Schlösser, Paläste und Repräsentationsräume erschöpft war, sondern auch durch die Rezession nach dem Dreißigjährigen Krieg mehrheitlich ins Elend geriet.

Was die Nachfolger Lodrons wie Thun, Kuenburg und Firmian mit der Bevölkerung anstellten, um den eigenen Prunk zu mehren, entsprach der Tradition von »Säuberungen« aus dem Mittelalter. Unliebsame werden vertrieben, »Unbrauchbare« verbrannt oder hingerichtet. An den Methoden änderte sich nichts. Bereits 1349 wurden unter Ortolf von Weißeneck 1200 Juden erschlagen und verbrannt. 1404 wurden unter Eberhard III. von Neuhaus wieder sämtliche Juden aus Salzburg und Hallein nach Folterungen verbrannt.

Keine Ausnahme in dieser tausend Jahre langen Verkettung aus Unterdrückung, Machtgier, Grausamkeit im Dienst des Herrn und der Selbstgefälligkeit?

Im Spätmittelalter, von 1365 bis 1396, regierte Pilgrim II. von Puchheim, vielleicht der offenste und umfassendst gebildete Politiker-Kleriker Salzburgs. Es war ja nicht selbstverständlich, dass die Erzbischöfe Bildung hatten. Sie wurden aus dem Adel gewählt, da konnte es schon vorkommen, dass sogar Analphabeten darunter waren, wie der des Schreibens unkundige Friedrich von Walchen hundert Jahre vor Pilgrim, oder der Graf von Schaunberg hundert Jahre später, der sich sein Gehirn von seiner Mätresse lieh.

Pilgrim II. von Puchheim hatte in Avignon studiert und

war auch dem damaligen kulturellen weltlichen Zentrum Europas, dem Königshof in Prag, eng verbunden. Im Auftrag König Wenzels war er der Vermittler zur Beilegung des großen abendländischen Schismas zwischen Papst Clemens VII. in Avignon und Papst Urban VI. in Rom. In Salzburg regierte er mit harter Hand den Adel und das Großbürgertum, er kannte seine Pappenheimer und deren Schwächen und hielt das sogenannte gemeine Volk unter moderaten Bedingungen. Er holte auch wieder Juden ins Land, mit einem von ihnen wurde er sogar einmal in Bayern gefangen genommen. Auch Pilgrim war ehrgeizig, sowohl in seinem Prunk als auch in seinen politischen und kriegerischen Plänen. Unter ihm erreichte Salzburg die größte territoriale Ausdehnung aller Zeiten, das Land war um ein Drittel größer als heute.

Am Prager Hof, erst bei Kaiser Karl IV. und dann bei Wenzel, hatte Pilgrim selbstverständlich Kontakte zu den dort lebenden Vertretern des Frühhumanismus wie Cola di Rienzi, Francesco Petrarca, dem Komponisten der Mehrstimmigkeit Guillome de Marchaut, Giovanni Boccaccio, Heinrich von Mügeln und anderen.

Genau in der Regierungszeit Pilgrims entstehen Dichtungen und Lieder, die zu den meistgesungenen des gesamten deutschsprachigen Mittelalters wurden. Der Dichterkomponist versteckte sich hinter dem einfachen Pseudonym »Mönch«. Kein anderer Dichter war auch nur annähernd so populär. Nicht Walther von der Vogelweide oder Neidhart von Reuenthal vor ihm, noch Oswald von Wolkenstein nach ihm erreichten mit ihren Liedern eine derartige Verbreitung. Nachzuweisen ist dies an der Zahl der Handschriften. 111 Handschriften zwischen Salzburg und Berlin, Sterzing und Paris, St. Gallen und Prag, Karlsruhe und Rostock, nennen diesen aus Salzburg stammenden »Mönch« als Autor. Walther von der Vogelweide ist in 31 Handschriften nachgewiesen, Reuenthal in 23, selbst der weithin bekannte Wolfram von Eschenbach kommt nur auf 87 Handschriften.

Niemand weiß, wer dieser Dichter hinter der Maske des »Mönchs« war, der 57 weltliche und 49 geistliche Lieder geschrieben hat, darunter den ersten Kanon im deutschsprachigen Bereich. Eines dieser Lieder verweist auf den Fürsterzbischof als Autor. Er richtet die Dichtung an seine geliebte E. in Schloss Freudensaal, heute Schloss Freisaal genannt, das Pilgrim erbauen hat lassen. Er befindet sich in Prag bei König Wenzel, mit dem er ein paar Schwierigkeiten hat, wie er im Vorspruch zu dem Lied darstellt, gesteht ihr in drei langen reimdurchwobenen Strophen seine Sehnsucht und endet, dass sie ihm schreiben möge, und zwar:

Schreib deine Antwort liebste E
mir Pilgrim der die Sehnsucht hat
im Jahre römisch M drei C
und zweiundneunzig ganz genau

Römisch M heißt tausend, C heißt hundert, somit ist das Lied auf 1392 datiert. Ob Pilgrim tatsächlich der Autor dieser Dichtungen war, ist nicht nachzuweisen, es existieren nach den vielen Dombränden keine Dokumente mehr, die einen Hinweis liefern könnten. Das Rätsel bleibt, ebenso wie niemand weiß, wer der Bildhauer war, der mit dem Residenzbrunnen einen der schönsten Brunnen Europas geschaffen hat.

Dem Schloss Freisaal im Süden Salzburgs kam nach dem Tod Pilgrims eine besondere Bedeutung zu: Sämtliche Fürsterzbischöfe hielten von dort nach ihrer Wahl ihren feierlichen Einzug in die Stadt. Und die regierten mehr oder weniger, je nach den politischen Verwerfungen in Europa durch Machtverschiebungen und Kämpfen zwischen Vatikan und den weltlichen Herrschern, nach der Devise ihrer Vorgänger: Salzburg bleibt katholisch und das Volk hat dienend das Maul zu halten, sonst Rübe ab oder weg. Einer der unerbittlichsten unter den Fürsterzbischöfen, der von Keutschach, hatte die Rübe im Wappen.

Von 696 an hat sich kaum etwas geändert in den Hierarchien, nicht einmal die napoleonische Säkularisation 1803, mit der auch in Salzburg die absolute geistliche Herrschaft formal endete, hat die Mentalität geändert.

Noch heute hat sich die kopernikanische Wende in Salzburg nicht herumgesprochen. 1509 hatte Kopernikus nämlich frevlerisch behauptet, die Erde drehe sich um die Sonne. Im Prinzip gilt so eine Anschauung im Salzburg des 21. Jahrhunderts noch immer nicht. Man sollte so etwas jedenfalls nicht öffentlich aussprechen, sonst trifft einen die Strafe Gottes, das heißt seiner Vertreter auf Erden.

Der Salzburger Weihbischof Laun etwa schrieb am 7. August 2010 über die Duisburger Love-Parade, bei der 21 Menschen bei einer Massenpanik totgetrampelt wurden: *Die Love-Parade ist kein harmloses Feiern – wenn Gott straft, tut er dies mit der Absicht, den Menschen zurückzuholen, Gott straft nur aus Liebe!* Zwar stehe es keinem Menschen zu *über die Toten zu urteilen und darüber hinaus zu behaupten, ihr Tod sei eine – natürlich gerechte – Strafe Gottes für die Sündigkeit der Love-Parade*, aber, so der Bischof *man weigert sich anzuerkennen, dass die Love-Parade, abgesehen von ihrem krankhaften Erscheinungsbild, auch mit Sünde zu tun haben könnte und darum, folgerichtig, auch mit dem richtenden und strafenden Gott!*

Nicht lange zuvor hatte der Pfarrer von A., einem der idyllischen Orte im Tennengau, eine besondere Möglichkeit benutzt, seiner Verachtung des Weltlichen Ausdruck zu geben. Er war am Landesgericht des Missbrauchs eines Ministranten angeklagt und dafür verurteilt worden. Sein Gewissen war aber rein, denn, so sagte er, er habe bereits dem Abt von St. Peter gebeichtet und die Absolution erhalten, und er erkenne allein jenes Höhere Gericht an, das über Allem steht.

Nein, hier vertraute noch nie jemand mit »wahrem« Verstand den fehlerhaften weltlichen Gerichten, gerecht straft nur das übergeordnete Gericht, und wenn es eben sein muss durch Verurteilung zu frühzeitigem Tod. So wird auch noch immer mehrheitlich bedauert, dass man seit 1803 nicht mehr eingesperrt werden kann für die Leugnung der Salzburger Tatsache, dass Gott erzkatholisch ist.

Die gesamte Geschichte zeigt, dass sich die Bevölkerung Salzburgs weniger durch Tröpfchenübertragung als durch Zuwanderung vermehrt hat und der Überschuss durch Vertreibung reguliert wurde.

Um noch einmal Humboldts Vergleich mit Neapel und Salzburg als schönste Gegenden der Welt zu zitieren, beide ausschließlich vatikanisch determiniert, ist die Entwicklung des ehemaligen Fischerdorfs am Tyrrhenischen Meer eine gänzlich andere als die des ehemaligen Römerdorfs am Fluss des Alpenvorlands.

Während der ebenso freundliche wie katholische Neapolitaner sich rasend vermehrte, blieb der erzkatholische lederne und lodene Salzburger zugeknöpfter und vermehrte sich gebremster und weniger durch direkten körperlichen Kontakt. Im Gegensatz zu Neapel, das den noch immer blutenden San Gennaro mehr verehrt als jede andere Heiligkeit, und überdies zahlreiche Damen wie Teresa, Lucia oder Patrizia, beharrt der Salzburger hauptsächlich auf der Verehrung der Heiligen Jungfrau, der ja auch das Jesuskind nur so irgendwie von außen hineingebenedeit worden war.

Kein Wunder, dass Salzburg, die Stadt, es 1886 (als Neapel bereits auf die 600 000 zustrebte) noch nicht zu sehr viel mehr als auf 20 000 Bewohner gebracht hatte.

1923 stieg die Einwohnerzahl auf 38 000 und verdoppelte sich bis 1939 hauptsächlich durch Eingemeindungen. 1947 hatte die Stadt plötzlich 99 000 Einwohner durch den Zuzug sogenannter volksdeutscher Flüchtlinge, auch vieler Ostösterreicher und Wiener, die nicht in den sowjetisch besetzten Teil ihrer Stadt zurückwollten. Dann fiel der Oberösterreicher, der ja auch so etwas Ähnliches wie ein Bayer ist, zusammen mit bundesdeutschen Bayern in Salzburg ein und vermehrte es auf heutige 150000 Einwohner. Tatsächlich erscheint Salzburg, das ja keine hundertfünfzig Kilometer vom München entfernt ist, als Vorstadt der bayrischen Landeshauptstadt.

ORIGINAL UND ECHT

Wer sind nun überhaupt Salzburger? Gibt es die überhaupt? Selten trifft man jemanden, dessen beide Großeltern schon hier aufgewachsen wären.

Man könnte Jean Pauls Satz: *Bayreuth hat den Fehler, daß zu viele Bayreuther darin wohnen* auf Salzburg umkehrend anwenden: Salzburg hat den Fehler, dass zu wenige Salzburger darin wohnen.

Der Originalsalzburger ist in Salzburg eine derartige Minderheit, dass er unsichtbar geworden ist. Der Originalsalzburger ist meist ein reserviert frei denkender Salzburger. Er kennt die besondere Geschichte seines Orts, dessen Glanz alles Mögliche anzieht, und er ist deshalb bescheiden, selbst wenn er sehr wohlhabend ist. Der Originalsalzburger ist per se keiner, der sich öfter widerspiegeln will, als die glänzende Oberfläche Salzburgs ermöglicht. Er weiß Bescheid. Der Originalsalzburger ist per se die kultivierte graue Eminenz mit umfassendem Wissen und daher eine Rarität. Der Originalsalzburger kann sowohl aus der Stadt als auch dem Land Salzburg kommen. Der Originalsalzburger hat keine Schuld am zugereisten Zustand Salzburgs.

Es gibt auch die echten Salzburger, die sich dafür interessieren, wie diese Gegend mehr sein könnte als nur ein Umschlagplatz zugunsten einiger Weniger.

Um zu verstehen, wie man den originalen vom echten Salzburger unterscheiden könnte, bietet sich die Analogie zur Mozartkugel an.

1890, 99 Jahre nach Mozarts Tod, hatte der Konditor Paul Fürst die Mozartkugel auf den Markt gebracht, exquisite Schokolade, umhüllt mit Silberpapier, darauf Konterfei und Name Mozarts in Blau, und er nannte seine Kreation »Original Salzburger Mozartkugel«. Original!

Wo ein Original entstanden ist, stellt sich meist auch eine Kopie ein, in diesem Fall die der Mozartkugel in Goldpapier mit der goldigen Bezeichnung »echt«. Diese viel später entstandene sogenannte echte Salzburger Mozartkugel hat, was die Quantität betrifft, das Original marginalisiert. Die echte und viel billigere Mozartkugel wird massenweise auch außerhalb Salzburgs hergestellt, weithin vertrieben und, weil derart verbreitet, aus der Ferne fürs Original gehalten. Indessen bleibt das vorzügliche Original weiter am Platz und wird nur hier vertrieben. (Das Wort »vertrieben« ist auch so ein janusköpfiges Geschöpf der deutschen Sprache).

Der echte Salzburger ist demnach der, der einiges später in Salzburg angekommen ist als der originale. Zum echten Salzburger wird der, der entweder in der Stadt oder in einer der Städte und Gemeinden des Flachgaus, Tennengaus, Pongaus, Pinzgaus und Lungaus mit österreichischer Staatsbürgerschaft geboren wurde, oder der, der seinen Hauptwohnsitz seit mindestens vierzig Jahren in Salzburg hat.

Ab wann aber beginnt der echte Salzburger original zu werden? Denn einmal waren alle Zugereiste. Es gibt nicht viele, deren Vorfahren vor mehreren Generationen bereits in Salzburg ansässig waren, oder die vielleicht gar als Superoriginale ihren Stammbaum bis in fürsterzbischöfliche Zweige nachweisen können. Man sollte daher gnädig sein und den virtuellen Orden »Original« schon jenen zusprechen, deren Vorfahren Zeugen der Kreation der Original Salzburger Mozartkugel sein konnten, sie werden immer noch in der Minderheit sein, und zwar im Verhältnis der silbernen zur goldenen Kugel.

Wolfgang Amadeus Mozart jedenfalls kann demnach nicht als Originalsalzburger bezeichnet werden. Sein Vater war ein Zugereister aus Augsburg, der sich den Titel »Echter« durch langes, duldsames Ausharren am Platz redlich verdiente. Mozart war in Salzburg geboren worden und ziemlich bald nach Wien übersiedelt und muss daher auch »nur« als ein echter Salzburger gelten.

Andere echte Salzburger außer Mozart wurden in dieser Stadt der Unduldsamkeit gegen unangepasstere Charaktere ebenso schnell verdrängt, geächtet und ausgeschieden, als man ihnen keine Möglichkeit ließ, sich auf eine ihrer Außergewöhnlichkeit angemessene Weise ihr Überleben zu verdienen.

Auch der Physiker Christian Doppler, 1803 geboren, bekam keinen Fuß auf den Boden seiner Heimatstadt, die sich seiner erinnerte, als er schon fünfzig Jahre tot war und in der gesamten wissenschaftlichen Welt längst berühmt und der Dopplereffekt eine konstante Größe physikalischer Berechnungen. Er war 1853 in Venedig verstorben, wo sich auch sein Grab befindet. 1903 wurde eine Gedenktafel an Dopplers Wohnhaus gegenüber dem Landestheater angebracht. Dann dauerte es bis gegen Ende des zwanzigsten Jahrhunderts, dass auch in der Bevölkerung der Geburtsstadt durchsickerte, welche bedeutende Persönlichkeit Doppler war. Nun benannte man nach ihm die ehemalige Landesnervenklinik, einen Platz in der Nähe des Salzburger Flughafens sowie ein Gymnasium im Stadtteil Lehen.

So viel Ehre ist Georg Trakl noch nicht vergönnt. Es gibt zwar die kleine Trakl-Gedenkstätte in seinem Geburtshaus am Waagplatz, es gibt ein paar Marmortafeln mit seinen Gedichten im Stadtgebiet, aber ein Gymnasium durfte nach ihm nicht benannt werden. Als ebenfalls Ende des zwanzigsten Jahrhunderts der Vorschlag gemacht wurde, das Gymnasium, in dem Trakl zur Schule gegangen war, nach ihm zu benennen, wurde dies empört zurückgewiesen. Trakl, so hieß es, sei rauschgiftsüchtig gewesen und überdies in der sechsten Klasse der Schule verwiesen worden. Man fand für die Ablehnung Trakls sogar eine wissenschaftliche Begründung, und zwar in Form einer Literaturkritik, in der ein Experte die Bedeutungslosigkeit Trakls nachwies. In der Publikation *Salzburgs Literatur im Rahmen der deutschen Literaturgeschichte*, 1925 im österreichischen Bundesverlag erschienen, wird Trakl als ein Dichter geschildert, der zu unmöglichen Sprachbildern gelangt. Wenn dann noch die düstere Schwermut aus seinen Zeilen spricht, die ihm sein Leben frühzeitig raubte, so ist es erklärlich, dass er für Salzburg nur eine vorübergehende Erscheinung bedeutet, die ohne breite Wirkung und überhaupt ohne Nachwirkung bleiben musste, obwohl in einigen Gedichten das Bild seiner Heimatstadt sich zu einem grandiosen Hintergrunde auftut.

Auch Trakl, 1887 in Salzburg geboren und 1914 in Krakau gestorben, hat keine sogenannte letzte Ruhestätte in Salzburg, er liegt in Innsbruck begraben, im Grab seines Förderes Ludwig von Ficker, des Herausgebers der nach der *Fackel* damals wichtigsten Literaturzeitschrift *Der Brenner*.

Anderen bedeutenden Menschen, die sich in Salzburg niedergelassen hatten, ging es nicht anders. Stefan Zweig lebte seit 1919 in seiner Villa am Kapuzinerberg 5 und musste 1934 aus Salzburg flüchten. Der Historiker Gert Kerschbaumer hat über die Nachkriegshaltung Salzburgs einiges ans Licht gebracht. Ein Antrag aus dem Jahr 1956, den an der Villa vorbeiführenden Passionsweg nach Zweig zu benennen, wurde im Gemeinderat aus religiösen Bedenken blockiert; es gehe nicht an, dass ein Weg entlang der Kreuzwegstationen in der Nähe des Kapuzinerklosters auf den Namen eines Glaubensjuden getauft werde. Es dauerte noch weitere vierzig Jahre, bis der Weg nach Stefan Zweig benannt wurde. Inzwischen gibt es seit 2008 auch ein Stefan Zweig Centre in der Edmundsburg am Mönchsberg. Die Forschungen Kerschbaumers haben auch dazu geführt, dass die Aberkennung von Zweigs Doktortitel durch die Nationalsozialisten rückgängig gemacht wurde, immerhin 2004, siebzig Jahre nach Zweigs Flucht aus Salzburg und 62 Jahre nach seinem Freitod in Brasilien.

Auch den Mitbegründer der Salzburger Festspiele, Max Reinhardt, der 1937 fliehen musste, wollte Salzburg nicht mehr zurückhaben. Der Historiker berichtet, wie Reinhardts Sohn Gottfried, als er in den sechziger Jahren den *Jedermann* inszenierte, das Anliegen an die Festspieldirektion herantrug, seinen in New York verstorbenen Vater exhumieren und in einem Salzburger Ehrengrab bestatten zu lassen, was mit der Begründung von Geldmangel abgewiesen wurde. Immerhin wurde nach dem Gründer ein Platz im Festspielbezirk benannt.

Der Schriftsteller Alexander Moritz Frey, mit Zweig befreundet, 1933 von München ausgerechnet nach Salzburg geflohen, musste 1938 ebenfalls die Stadt verlassen, starb verarmt in Zürich und ist in Salzburg vergessen. Mit ihm, der im Ersten Weltkrieg mit Hitler im gleichen Regiment war, und der sämtliche Einladungen Hitlers, sich seiner »Bewegung« anzuschließen, abgelehnt hatte, ist auch posthum kein Handel zu treiben.

Der Hauptartikel ist erstaunlicherweise noch immer Mozart. Wo Mozart draufsteht, kommt Geld raus. Mozartkugel, Mozarttaler, Mozartlikör, Mozartkaffee zum Direktverschleiß, als Markenname kommt der Komponist auch für alle möglichen und unmöglichen Gebiete und Institutionen infrage, so auch für den zweitgrößten Flughafen Österreichs »Salzburg Airport W. A. Mozart« oder eine Skiregion »Amadé«, sogar Radrennen werden in Mozarts Namen ausgetragen. Irgendwann wird aber auch diese Strategie überzogen sein und schal werden, dann nämlich, wenn die Diskrepanz zwischen den Erscheinungen der sogenannten Hochkultur und dem Leben der sogenannten Volkskultur zu groß sein wird. Von der von den Gründern der Salzburger Festspiele angestrebten Verbindung von Hochkultur und Bevölkerungskultur ist nichts mehr zu merken.

Das große Geschäft macht heute bereits ein Salzburger, der nicht auf Hochkultur setzt, sondern auf Konsum ohne kulturellen Zusammenhang, in dem sogar der Name Mozarts störend wäre, nämlich Dietrich Mateschitz mit seinem Konzern Red Bull.

Die Diskrepanz zwischen Hochkultur-Veranstaltungen der Salzburger Festspiele und dem, was dem Stadtbürger, der während der Festspielzeit die Fußgängerzone der Altstadt möglichst meidet, sonst erlaubt ist, ist so groß wie die Diskrepanz zwischen der Landeshauptstadt und ihrem Bundesland mit hundertneunzehn Gemeinden: Die zweitgrößte Stadt des Landes, Hallein, hat lediglich 20000 Einwohner. Die Dominanz der Stadt ist so groß wie in keinem anderen Bundesland Österreichs, was freilich mit der speziellen Salzburger Geschichte feudaler Macht zu tun hat.

Die Stadt wird seit neunzig Jahren derart mit ihren Festspielen identifiziert, dass es geradezu unmöglich geworden ist, sie sich ohne diese Veranstaltungen vorzustellen. Im Prinzip könnte man dies als Fortführung des feudalen Gedankens betrachten. Derart groß war die Macht der Institution, die ja auch bundesgesetzlich verankert ist und somit eine res publica, dass man sich am Ort für sie ein besonderes Gesetz zusätzlich hat einfallen lassen, das Festspielschutzgesetz. Mit diesem Gesetz war Alfred Winter, der Gründer der Szene der Jugend konfrontiert, als er die Salzburger kulturelle Ödnis der siebziger Jahre aufbrechen und mit der Idee eines Sommerfestivals der Kreativität für junge Menschen außerhalb des unerreichbaren Festspielolymps eine Plattform errichten wollte. Dem stand das Landesgesetz zum Schutz der Festspiele entgegen, welches, so erinnert sich Winter, *»als Gründungs- wie Nachkriegsrecht die Festspiele vor Konkurrenz schützen sollte ... Dank dem Impressario Hans Schlote fiel dieses Festspielgesetz schließlich beim Höchstgericht*«, es widersprach dem Gleichheitsprinzip. Aber Herbert von Karajan wollte dies nicht wahrhaben und forderte noch Anfang der achtziger Jahre in einem Brief an den Landeshauptmann ein Verbot der Szene der Jugend.

Die Leute auf der Straße und auf den Plätzen, die töpfern, malen oder sonst was aufführen, sind, ähnlich wie Bettler, eine Störung des ästhetischen Empfindens des gehobenen Gastes. Der Landeshauptmann ging auf den Verbotswunsch nicht ein. Man fand eine andere Lösung, die »Szene« wurde sozusagen weggekauft aus dem öffentlichen Raum. Viele kreative Menschen sind inzwischen aus Salzburg weggezogen oder haben sich zurückgezogen. Armut ist in Salzburg eine Schande.

Die Festspiele haben außer ihren Spitzenveranstaltungen mit Spitzenkünstlern und ihrem enormen wirtschaftlichen Wert, nicht zuletzt als Arbeitgeber, noch einen anderen Vorteil für die Stadt: Sie ist durch ihren Reichtum ein relativ sicheres und ruhiges Gebiet, und das wiederum zieht natürlich Reichtum und Begehrlichkeit an; wo Tauben sind, fliegen Tauben zu, was sich, wie überall, aber in dem kleinen Salzburg besonders deutlich, nicht nur auf den Immobilien- und Wohnungsmarkt auswirkt. Viele Dienstleister profitieren zwar vom Festspielgeschehen, vom Hotelier bis zum Taxifahrer, aber diese vielbeschworene, sogenannte Umwegrentabilität hat auch eine andere Seite, denn die Mehrheit der Einheimischen profitiert davon nicht, sondern muss zur Kenntnis nehmen, dass für sie alles eben nur ein bisschen teurer ist als anderswo. So reguliert sich in der Festspielstadt Zuzug und Wegzug auf gefällige Weise; wer dem Geschäft nicht nützlich ist oder was ihm gar im Weg steht wie ein Landschaftsschutzgebiet, muss weg, wird umgewidmet, dazu braucht es keine fürsterzbischöflichen Befehle mehr. In bestimmten Kreisen empfindet man es längst als eine Selbstverständlichkeit, dass man gar nichts sagen muss, dass ein Fingerschnippen oder Brauenheben in Richtung Politiker genügt, um bedient zu werden, darüber redet man ebenso vornehm nicht, wie man nicht über Geld spricht. Porsche etwa, als reichster Konzern Salzburgs, noch vor SPAR und Red Bull, könnte es sich möglicherweise leisten, den das Unternehmen umgebenden Wald eher bewahren oder aufforsten zu helfen, statt auf der Rodung wegen ein paar zusätzlicher Auslagenscheiben zu beharren. Na gut, soll man's von mir aus belächeln und weltfremd nennen und hinweisen auf die rundum schon zerfressene Stadt, dass es darauf auch nicht mehr ankomme. Oder man verweise darauf, dass man ohnehin für viel Grün sorge, etwa mit dem neuen Golfplatz in Anif.

Es ist so öde und zum Gähnen und nicht einmal mehr zum Kotzen, dass, egal worum es sich handelt, ausschließlich von Finanzierungen geredet wird, als wäre Leben auf das zynische Kalkül einer Kosten-Nutzen-Formel reduzierbar, die alles und alle reguliert, sodass der Begriff Freiwilligkeit nur noch auf Feuerwehren anwendbar ist.

Es scheint, Salzburg müsse den Eugendorfer Weg gehen, um im sogenannten Wettbewerb mithetzen zu können.

Eugendorf ist eine zehn Kilometer entfernte Marktgemeinde im Nordosten der Stadt, von deren gewachsener Struktur nach eineinhalbtausendjähriger Geschichte nichts mehr zu spüren ist, eine Gemeinde hat sich im Prinzip selbst in ein Gewerbegebiet umgewidmet. Irgendwo stehen noch die alte Kirche und das Wirtshaus.

GAU

Hallein, Bezirkshauptstadt des Tennengaus, fünfzehn Kilometer südlich von Salzburg, wo bereits im sechsten Jahrhundert vor Christus Salz gewonnen wurde und die den Reichtum in die fürstliche Hauptstadt geschwemmt hat, hat im Vergleich zu ihrer Leistung wenig von der Salzburger Erfolgsgeschichte profitiert. Als Industriestadt galt Hallein durch seine 1890 gegründete Papierfabrik lange als großer Umweltverschmutzer. Teilweise kam der Hauptfluss des Landes, die Salzach, als braune Soße durch die Stadt, und nur an Feiertagen war das Wasser wasserähnlich, manchmal sogar auffallend blickdicht grün.

Die Salzach entspringt in den Schieferbergen des Oberpinzgaus auf 2300 Metern in den Kitzbühler Alpen, springt und spielt zusammen mit den zulaufenden Wassern einiger unbändiger Gletscherbäche bis Golling, wo durch den Zufluss von Lammer und Fritz die Adoleszenzzeit beginnt und bis Hallein andauert, wo ihr der Ernst und die Schwere des Lebens beigebracht werden, teilt dann, bedächtiger geworden, die Stadt Salzburg in Alt- und Neustadt, vermählt sich hinter dem Stadtteil Liefering mit der Saalach und ertränkt sich nach etwa 220 Kilometern bei Braunau im Inn.

Erst um 1990 gelang es, in der Halleiner Fabrik umweltfreundlichere Maßnahmen durchzusetzen, genützt hat alles nichts, neun unterschiedliche Besitzer bis 2009, dann wurde die Papiererzeugung eingestellt. Der Kern der alten Salinenstadt ist weitgehend intakt, und im Keltenmuseum sind Schätze zu sehen, die zu den bedeutendsten Funden Europas aus der Keltenzeit gehören. 1989 musste das berühmte Salzbergwerk auf dem Dürrnberg schließen, zweieinhalbtausend Jahre nach seinem Beginn des Abbaus. Salz hatte, nach Erfindung der Kühlschränke im zwanzigsten Jahrhundert, kaum noch Wert. Fleisch brauchte ja nicht mehr eingepökelt werden, um ihm Wasser zu entziehen und es dauerhaft haltbar zu machen. Nur noch als Touristenattraktion blieben die Stollen, man kann hineinrutschen ins Berginnere, wie es 1810 auch der französische Schriftsteller Henri Beyle, besser unter dem Künstlernamen Stendhal bekannt, getan hat, und dabei zur Idee einer Liebestheorie gelangt war, die *Kristallisationstheorie*, die er in seinem Buch *De l'Amour* darlegte. Wenn man einen kahlen Zweig in einem Schacht des Bergwerks deponiert, so ist dieser nach Monaten mit glänzenden Kristallen bedeckt, *selbst die kleinsten Ästchen, kaum größer als die Krallen einer Meise, sind mit unzähligen lockeren, funkelnden Diamanten besetzt. Den ursprünglichen Zweig sieht man nicht mehr. In diesem Sinn nenne ich Kristallbildung die schöpferische Tätigkeit unseres Geistes, der bei jedwedem Geschehnis an der Geliebten immer neue Vorzüge entdeckt.*

In Hallein liegt Franz Xaver Gruber begraben, der Komponist des Lieds *Stille Nacht, heilige Nacht*. Sein Freund Joseph Mohr, der den Text 1818 geschrieben hat, gebürtiger

Stadtsalzburger aus der Steingasse, hat im Pongauer Wintersportort Wagrain sein Grab.

Da Hallein in Außergebirg liegt, kann es nicht wie andere am großen Kuchen des Skitourismus teilhaben. Immerhin kommen jährlich etwa 23 Millionen Wintergäste ins Salzburger Land, die sich in der Hauptsache über die Gaue Innergebirg verteilen.

Man spricht bei Salzburgs Gauen von »Land Außergebirg«, also dem Flachgau mit seinen Seen samt der Landeshauptstadt, sowie dem Tennengau, sozusagen dem Bindeglied zu den Alpen; »Land Innergebirg« bezeichnet die Alpenregionen Pongau, Pinzgau und Lungau, der letztere mit dem 3662 Meter hohen Großvenediger, dem höchsten Berg Salzburgs und fünfthöchsten Österreichs. Im Lungau, diesem von Hohen und Niederen Tauern und den Nockbergen umschlossenen Hochplateau, liegen außer Ramingstein alle Orte über tausend Meter Seehöhe. So kann es sein, dass man auf der Autobahn nach dem Tauerntunnel noch Schnee erlebt, wenn man aus dem Badeurlaub in Italien kommt. Für den Lungau ist der Bau der Tauernautobahn und des Tauerntunnels teils Segen, teils Fluch. Dieses landschaftlich am wenigsten von zivilisatorischer Säure verätzte Land hatte zuvor mit Salzburg und den anderen Salzburger Gauen allein die Straßenverbindung über den 1738 Meter hohen Radstädter Tauern. Nun ist der Bezirk Tamsweg, wie der Lungau nach seinem Verwaltungssitz auch heißt, gut erreichbar, manche Orte wie Zederhaus allerdings sind entzweigeschnitten und dem ungeheuren Verkehr der Nord-Süd-Route ausgesetzt.

Der Pongau mit der Bezirkshauptstadt St. Johann und zwei weiteren Städten wie Radstadt und Bischofshofen verfügt mit dem Tennen- und Hagengebirge und dem Hochkönig bereits über ausgedehntere Alpenregionen und weithin bekannte Wintersportorte. In Kleinarl, das im Wappen ein sechsspeichiges Wagenrad aufweist, ist Annemarie Moser-Pröll geboren und hat ihrer Gemeinde für jede Speiche einen Gesamtweltcup-Sieg heimgebracht. Das Gasteinertal mit seinen Kurorten Bad-, Hof- und Dorfgastein gehört ebenso zum Pongau wie die Skigebiete um Eben, Flachau, Filzmoos und Großarl. Ein Wahrzeichen ist die Festung Hohenwerfen, die auf ihrem 113 Meter hohen Felskegel zwischen den Hängen des Salzachtals mit deren Eisriesenwelt neben der Autobahn aufragt und den von Süden kommenden Touristen einen Vorgeschmack auf die um 1077 zeitgleich errichtete Hohensalzburg bietet.

Mit über 2600 Quadratkilometern ist der Bezirk Zell am See, wie der Pinzgau auch genannt wird, der »größte anzunehmende Gau« des Bundeslands Salzburg. Der Pinzgau grenzt an den Pongau, Bayern, Nordtirol, Osttirol, Kärnten und mit einem kleinen Stück sogar ans italienische Südtirol und hat sich am intensivsten der touristischen Nutzung seiner Bergwelt gewidmet. Die Skiwelt Zell am See/Kaprun mit dem Ganzjahresskigebiet des Kitzsteinhorns sowie die Großglockner Alpenstraße sind Dauerbrenner des Massentourismus. Gleich daneben beginnt das größte Naturschutzgebiet Österreichs, der 1800 Quadratkilometer große Nationalpark

Hohe Tauern, seit 1981 dem Schutz von Landschaft und Tierwelt gewidmet. Hier hat der Naturschutz laut Landesgesetz Vorrang, was von den mächtigen Tourismusverbänden nicht gern hingenommen wird, und so sind die Begehrlichkeiten, diese Naturschönheiten und Naturspektakel auch pekuniär auszunutzen, wahrscheinlich der Grund, weshalb die UNESCO noch immer mit der Zuerkennung des Welterbe-Titels zögert.

Die Bezirkshauptstadt Zell am See mit dem im Umriss einer Erdnuss gleichenden Zeller See ist im Sommer ein Magnet für Gäste aus dem arabischen Raum. Nach Wien ist Zell das hauptsächliche Ziel von Familien aus Kuweit und den Arabischen Emiraten, und die bleiben bis zu sechs Wochen am Ort. Ihnen gefällt der viele Regen und wohl auch das ganzjährige Weiß des Kitzsteinhorngletschers und wahrscheinlich ebenso die Diskretion des erzkatholischen Pinzgauers, der allergrößtes Verständnis zeigt für die Defilees der Herrn mit Händen in den Hosentaschen und mit bis zur Brust offenen Hemden, denen eine Schar verschleierter Frauen in die Dessous-Geschäfte folgt.

In der Landeshauptstadt Salzburg aber, so wird gesagt, regne es zweihundert Tage im Jahr, und zwar meist in Form des sogenannten Salzburger Schnürlregens. Dabei sind die hundert Tage Nieseln nicht mitgerechnet, der Rest ist, bis auf zwanzig Tage extremer Hitze, extremer Schneefall. Wenn die Gäste aus dem Orient das erfahren würden, so wäre in der Stadt in den Sommermonaten überhaupt kein Durchkommen mehr. Die Getreidegasse ist im Juli/August ohnehin nur noch eine flach atmende Mauer aus Menschenleibern zwischen beschlagenen Auslagenscheiben.

Als »Supergau« kann der Flachgau bezeichnet werden, der die Mozartstadt/Salzachstadt/Festspiel- und Weltkulturerbestadt, jedenfalls das Voralpenjuwel Salzburg umschließt; nicht ganz, denn im Nordwesten der Stadt bildet die Saalach die gemeinsame Grenze mit Bayern. Der Flachgau hat statt Bergen Seen. Den Gaisberg im östlichen Stadtgebiet mit seinen 1287 Metern kann man als Hügel bezeichnen, noch dazu, wenn man weiß, dass die Stadt bereits auf 424 Metern über dem Meeresspiegel liegt. Die paar Meter auf die Gaisbergspitze macht jeder Salzburger locker in der Mittagspause. Den anderen Hausberg des Flachgauer Salzburgs, den Untersberg, der mit 1973 Metern und seinem langen Elefantenrücken etwas unmotiviert aus dem Flachen aufragt und überhaupt zu drei Viertel seines Volumens Bayern zugehörig ist, kann man auch nicht richtig als alpin bezeichnen, wenn man ihn mit den hintereinandergestapelten Silhouetten der Bergketten des Innergebirgs in Beziehung setzt.

Obertrumer-, Graben- und Mattsee sind wie der Wallersee von der Stadt aus in einer halben Stunde zu erreichen, ebenso der Mondsee, von dem allerdings nur ein kleiner Teil Salzburg zugehört, der größere liegt bereits in Oberösterreich. Die zwei mondänsten Seen sind der Fuschlsee mit Anwesen, die wie Hochsicherheitstrakte abgeschottet sind, und der Wolfgangsee. Das ist die berühmte, voralpine Lage Salzburgs zwischen Seen und Bergen, verkehrsgünstig eingebunden am

Schnittpunkt zweier Autobahnen, eineinhalb Stunden von München entfernt, eineinhalb von Linz, drei Stunden von Wien, zwei Stunden von Innsbruck und Südtirol, und, immer vorausgesetzt, es ist staufreie Zeit und in Nordrhein Westfalen noch kein Urlaub ausgebrochen, erreicht man auch in zwei Stunden durch Tauern- und Katschbergtunnel Kärntens Grenze zu Italien oder Slowenien.

Um aber von einer der Stadtgrenzen in das Zentrum zu gelangen, kann es zu Festspielzeiten länger als nach Wien dauern, man staut sich durch teils horrend zersiedelte Gewerbegebiete von Nord abfahrend, von West durch das vorstädtische Maxglaner Nadelöhr, von Mitte durch die verstopfte Harrerstraße, nur von Süd, von Anif kommend, hat man noch bei der Einfahrt den Eindruck einer berühmten Umgebung zwischen Hellbrunn und Salzach, zumindest bis zum das Jahr über hauptsächlich leerstehenden Park-and-Ride-Parkplatz, aber auch das ist nun vorbei, kein störender Auwald mehr, das unnütze Landschaftsschutzgebiet, Lebensraum für Spechte, Rehe, Biber (Letztere von einem Politiker als »ohnehin nur Ratten« bezeichnet), wird durch nützliche Fabriken, Autohäuser, Bürogebäude, Handelsbetriebe ersetzt, der Besitzer des umgewidmeten Auwalds streicht das Geld ein, reibt sich die Hände und zieht sich in sein Schloss zurück. Wie üblich wird man wieder erst nach fünfzig oder hundert Jahren darauf kommen, was man gehabt und verachtet hat, diesmal ist es nicht wie mit dem Abtragen der Festung, diesmal hat der Gemeinderat, inspiriert vom »Zeitgeist«, einstimmig beschlossen.

EPILOG

In einer Novembernacht in der durch Nebel waagerecht halbierten Altstadt sich wundern, dass man allein auf dieser Bühne steht. Man weiß mehr, als man sieht. Das Licht des voluminösen Scheinwerfers vom Domdach erreicht die Festung nicht; der Mönchsberg ist wegretuschiert, der Kapuzinerberg inexistent, Dachvorsprünge und Ecken sind weichgestrichen; einmal ein gedämpftes Absatzklacken einer unsichtbaren Darstellerin. Nichts ist mehr selbstverständlich in der Stadt, die man anscheinend in- und auswendig kennt, mit der man schon vierzig Jahre lebt, von der man jede Kante, Traufe, Falte zu kennen glaubt. Ist nicht der Ort, an dem du lebst, auch so etwas wie ein Lebenspartner?

CODA

Der dreißigjährige Albert Einstein stellte auf dem Kongress 1909 in Salzburg erstmals seine Spezielle Relativitätstheorie samt der Quantenhypothese des Welle-Teilchen-Dualismus vor. Max Planck und Wolfgang Pauli erörterten mit ihm die ungewöhnliche Lehre, indessen die Salzburger Lehrenden nur die Köpfe schüttelten und verhärtet auflachten bei dem Eindruck, den ihnen die Theorie machte. Hundert Jahre später, 54 Jahre nach seinem Tod, bekam auch Einstein an der Andräschule, dem Ort seines Vortrags, eine Gedenktafel gewidmet.

CODINA

Salzburg besteht zu hundert Prozent aus auxetischem Material. Auxetisches Material verhält sich völlig gegensätzlich zu allen bekannten Stoffen. Auxetisches Material besitzt eine sogenannte negative Kontraktionszahl, was dazu führt, dass es sich bei Druck verhärtet und bei Zug sich nicht in Zugrichtung, sondern in die Breite ausdehnt.

Eine umfassende Geschichte Salzburgs mit ihren historisch-wissenschaftlichen Details wurde in dem mehrbändigen Werk *Geschichte Salzburgs. Stadt und Land* von Heinz Dopsch und Hans Spatzenegger herausgegeben.

REGISTER

IN DIESER REIHE BEREITS ERSCHIENEN

Amrum von Susanne Wiedmann
Baden von Karl-Heinz Ott
Bayern von Klaus Reichold
Berlin von Annett Gröschner
Bodensee von Christof Hamann
Bremen von Johann-Günther König
Der Harz von Christian Amling
Dresden von Jens Wonneberger
Franken von Thomas Kraft
Frankfurt von Michael Herl
Leipzig von Claudius Nießen
Mark Brandenburg von Beatrix Langner
Mosel von Tom Goeller
München von Elisabeth Tworek
Ostfriesland von Detlef Hartlap
Ostwestfalen von Jörg Sundermeier
Rheingau von Eva Demski
Rheinland von Gisbert Baltes
Rügen und Hiddensee von Holger Teschke
Schwaben von Bernd Kohlhepp
Schwarzwald von Ingeborg Gleichauf